영어 하기
딱 좋은 나이!

senior

일상 영어
첫걸음

A B C 부터
가볍게!
쉽게!

김미혜, 제이슨박, 권미혜, 임미라, 이진경, 박효진 지음

KB208383

동양북스

senior 일상 영어 첫걸음

초판 인쇄 | 2025년 5월 10일
초판 발행 | 2025년 5월 20일

지은이 | 김미혜, 제이슨박, 권미혜, 임미라, 이진경, 박효진
발행인 | 김태웅
책임편집 | 김상현
디자인 | 남은혜, 김지혜
일러스트 | 조은정
마케팅 총괄 | 김철영
온라인 마케팅 | 신아연
제작 | 현대순

발행처 | (주)동양북스
등 록 | 제2014-000055호
주 소 | 서울시 마포구 동교로22길 14 (04030)
구입 문의 | 전화 (02)337-1737   팩스 (02)334-6624
내용 문의 | 전화 (02)337-1762   이메일 dymg98@naver.com

ISBN   979-11-7210-106-0   13740

머리말

《시니어 일상 영어 첫걸음》을 펼치신 여러분, 진심으로 환영합니다.

이 책은 영어를 처음 배우는 초급자, 특히 새로운 도전을 시작하신 시니어 분들을 위해 특별히 기획된 교재입니다 일상생활에서 자주 쓰이는 간단하고 실용적인 영어 표현을 쉽고 재미있게 익힐 수 있도록 구성되어 있습니다.

많은 분들이 "이 나이에 영어를 배워도 될까?" 하고 망설이곤 합니다. 하지만 영어는 언제 시작해도 늦지 않습니다. 영어를 통해 새로운 세상과 소통하는 기회는 나이와 상관없이 누구에게나 열려 있습니다. 여러분이 이 책과 함께 영어를 천천히 그리고 꾸준히 익혀 나간다면 분명히 더 넓은 세상과 연결되는 경험을 하게 될 것입니다.

교재 구성의 특징은 패턴 드릴(Pattern Drill) 학습법을 활용하였다는 점입니다. 반복을 통해 문장 구조를 익히고, 다양한 상황에서 자연스럽게 말할 수 있도록 도와주는 방식입니다. 이런 학습법은 기억에 오래 남고 실제로 바로 쓸 수 있다는 점에서 큰 장점이 있습니다.

이 책을 통해 영어 공부가 단순히 언어 능력을 키우는 것을 넘어서 여러분의 제2의 인생을 더욱 풍요롭고 멋지게 만들어 주는 계기가 되기를 바랍니다. 영어를 배우는 여정은 자신감을 키우고, 세상과 더 깊이 연결되는 길이 될 것입니다.

시니어 여러분, 이 책은 여러분 앞에 펼쳐질 멋진 제2의 인생의 든든한 동반자가 되어줄 것입니다. 새로운 도전의 즐거움 과 설레임을 마음껏 느껴 보세요.

지금이 바로 영어의 세계로 한 걸음 내딛을 최고의 순간입니다!

저자 대표 김미혜 드림

차례

이 책의 구성과 특징

01 말하기 패턴 이해 및 표현 확장
문장 말하기, 해석하기, 쓰기 3단계 필수 훈련

매 챕터마다 기초 회화에 자주 쓰이는 두 개의 패턴이 제시됩니다. 각 패턴을 이해하고 4개의 추가 표현을 익히게 됩니다.

학습 내용을 스스로 연습하여 자기 것으로 만드는 과정은 필수입니다. 문장을 말하고 해석하고 써 보는 3단계 훈련을 통해 자연스럽게 영어 기초를 쌓을 수 있습니다.

02 100% 시니어 일상생활 주제 대화문
새로 나온 단어와 문법 추가 제시

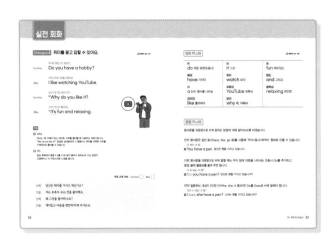

익숙한 상황, 자주 쓰는 표현을 주제로 배우면 영어가 훨씬 쉬워집니다.

매 챕터의 본문은 시니어 일상에서 흔하게 접할 수 있는 대화를 중심으로 구성하였습니다. 또한 새로 등장하는 단어와 꼭 알아야 할 문법도 함께 제시해 학습의 부담을 낮추었습니다.

03 단어 확인, 받아쓰기, 문장 완성하기 등을 통해 학습 내용을 완전히 내 것으로 만들기

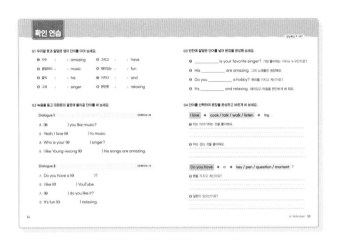

하나하나 직접 써 보면서 완성하세요. 말하면서 익히고, 쓰면서 다지는 진짜 기초 영어 연습!

단어에서 문장, 그리고 쓰기로 이어지는 연습을 통해 자신의 부족한 부분을 확인하고, 앞서 배운 내용들을 완벽히 복습할 수 있습니다.

04 OMG! 생활 속 영어 상식 콩글리시 사용으로 생긴 에피소드 대방출

우리가 일상에서 아무렇지 않게 쓰는 콩글리시 표현들이 실제 영어권 국가에서는 전혀 다른 뜻으로 받아들여질 수 있습니다. 외국인과 대화 중 생긴 웃지 못할 에피소드부터, 헷갈리기 쉬운 표현들까지 다양한 내용을 수록했습니다. 정식 영어 표현과 정확한 문장을 익혀 자신 있게 말해 보세요.

영어 왕초보를 위한 맞춤형 특별 부록

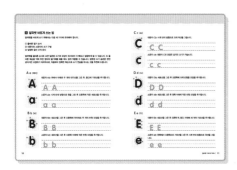

알파벳 바르게 익히기

영어 학습의 첫걸음은 알파벳을 바르게 익히는 것에서 시작됩니다. 올바른 쓰기 방법과 정확한 발음 연습 그리고 대소문자 구분 까지 본격적인 학습에 앞서 충분한 워밍업을 할 수 있습니다.

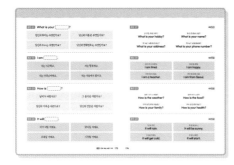

완벽 복습 패턴 카드

각 챕터에서 학습한 핵심 패턴과 확장 표현을 모두 담았습니다. 카드 앞면의 우리말을 보고 영어 문장을 말해 보세요. 뒷면에서는 원어민 발음을 듣고 정확한 문장을 다시 연습할 수 있습니다.

QR코드로 바로 듣는 원어민 MP3

① 스마트폰의 카메라 앱을 실행시켜 표지 하단 QR코드를 스캔합니다.

② 화면에 나오는 영문 URL 주소를 누르면, MP3 듣기 페이지가 열립니다.

③ 듣고자 하는 MP3 파일명을 찾아 누르면 음원이 자동 재생됩니다.

* 동양북스 홈페이지의 [도서자료실]에서 MP3 파일을 무료로 다운로드할 수 있습니다.

알파벳 바르게 익히기

알파벳은 A(에이), B(비), C(씨)처럼 각자의 이름을 가지고 있으며,
각각 대문자와 소문자로 구분됩니다. A에서 Z까지 26개의 알파벳을 확인하고,
바르게 쓰면서 익혀 보세요.

Aa 에이	Bb 비	Cc 씨	Dd 디	Ee 이	Ff 에프
Gg 쥐	Hh 에이취	Ii 아이	Jj 제이	Kk 케이	Ll 엘
Mm 엠	Nn 엔	Oo 오우	Pp 피	Qq 큐우	Rr 알
Ss 에스	Tt 티	Uu 유	Vv 뷔	Ww 더블유	Xx 엑스
Yy 와이	Zz 지 / 젵				

1 알파벳 바르게 쓰는 법

알파벳을 바르게 쓰기 위해서는 다음 세 가지에 유의해야 합니다.

① 올바른 필기 순서
② 대문자와 소문자의 크기 구별
③ 일정한 글자 간격 유지

알파벳을 올바른 순서로 쓰면 일관된 크기와 모양이 유지되어 더 빠르고 깔끔하게 쓸 수 있습니다. 또 올바른 획순을 익혀 두면 영어의 필기체를 배울 때도 쉽게 적응할 수 있습니다. 잘못된 쓰기 습관은 한번 굳어지면 교정하기 어려우므로, 처음부터 정확한 획순으로 쓰기 연습을 하시는 것을 추천해 드립니다.

A a [에이]

대문자 A는 위에서 아래로 두 개의 대각선을 그은 후, 중간에 가로선을 추가합니다.

소문자 a는 시계 반대 방향으로 원을 그린 후 오른쪽에 작은 세로선을 추가합니다.

B b [비]

대문자 B는 세로선을 그은 후 오른쪽에 위아래로 두 개의 반원 모양을 추가합니다.

소문자 b는 세로선을 그은 후 오른쪽 아래에 작은 반원 모양을 추가합니다.

C c [씨]

대문자 C는 시계 반대 방향으로 크게 곡선을 그립니다.

C   C

소문자 c는 대문자 C와 모양은 같지만 크기가 작습니다.

c   c

D d [디]

대문자 D는 세로선을 그은 후 오른쪽에 크게 반원을 모양을 추가합니다.

D   D

소문자 d는 세로선을 그은 후 왼쪽 아래에 작은 반원 모양을 추가합니다.

d   d

E e [이]

대문자 E는 세로선을 그은 후 오른쪽 위, 중간, 아래에 세 개의 가로선을 추가합니다.

E   E

소문자 e는 왼쪽에서 오른쪽으로 가로선을 그은 후 시계 반대 방향으로 곡선을 그립니다.

e   e

F f [에프]

대문자 F는 세로선을 그은 후 오른쪽 위, 중간에 두 개의 가로선을 추가합니다.

소문자 f는 지팡이 모양의 세로선을 그은 후 중간에 짧은 가로선을 추가합니다.

G g [쥐]

대문자 G는 시계 반대 방향으로 크게 곡선을 그린 후 끝부분에 짧은 가로선을 추가합니다.

소문자 g는 시계 반대 방향으로 작은 원을 그린 후 아래로 길게 곡선을 추가합니다.

H h [에이취]

대문자 H는 두 개의 세로선을 그은 후 중간에 가로선을 추가합니다.

소문자 h는 세로선을 그은 후 중간에서 오른쪽으로 곡선을 추가합니다.

I i [아이]

대문자 I는 위에 짧은 가로선을 그은 후 세로선을 긋고 마지막으로 아래에 짧은 가로선을 추가합니다.

소문자 i는 짧은 세로선을 그은 후 위에 점을 찍습니다.

J j [제이]

대문자 J는 직선으로 내리다가 왼쪽으로 둥글게 그린 후 위에 짧은 가로선을 추가합니다.

소문자 j는 직선으로 내리다가 왼쪽으로 둥글게 그린 후 위에 점을 추가합니다.

K k [케이]

대문자 K는 세로선을 그은 후 오른쪽에 홑화살괄호 모양(〈)을 추가합니다.

소문자 k는 세로선을 그은 후 오른쪽 아래에 작은 홑화살괄호 모양(〈)을 추가합니다.

L l [엘]

대문자 L은 세로선을 그은 후 아래에 가로선을 추가합니다.

소문자 l은 세로선을 위에서 아래로 긋습니다.

M m [엠]

대문자 M은 왼쪽 세로선을 그은 후 가운데를 연결하는 두 대각선을 긋고 마지막으로 오른쪽 세로선을 추가합니다.

소문자 m은 세로선을 짧게 그은 후 오른쪽에 아치 모양의 곡선 두 개를 추가합니다.

N n [엔]

대문자 N은 왼쪽 세로선을 그은 후 오른쪽 아래로 대각선을 긋고 마지막으로 위를 향해 세로선을 추가합니다.

소문자 n은 세로선을 짧게 그은 후 오른쪽에 아치 모양의 곡선 하나를 추가합니다.

O o [오우]

대문자 O는 시계 반대 방향으로 크게 원을 그립니다.

소문자 o는 대문자 O와 모양은 같지만 크기가 작습니다.

P p [피]

대문자 P는 세로선을 그은 후 오른쪽 위에 시계 방향으로 반원 모양을 추가합니다.

소문자 p는 세로선을 아래까지 그은 후 오른쪽에 작은 반원 모양을 추가합니다.

Q q [큐우]

대문자 Q는 시계 반대 방향으로 원을 그린 후 오른쪽 아래에 짧은 대각선을 추가합니다.

소문자 q는 시계 반대 방향으로 작은 원을 그린 후 오른쪽에 세로선을 추가합니다.

R r [알]

대문자 R은 먼저 세로선을 긋습니다. 오른쪽 위에 시계 방향의 반원을 그린 후 아래쪽에 대각선을 추가합니다.

R R

소문자 r은 짧은 세로선을 그은 후 오른쪽 위로 짧은 곡선을 추가합니다.

r r

S s [에스]

대문자 S는 오른쪽에서 시작하여 왼쪽으로 곡선을 한 번에 긋습니다.

S S

소문자 s는 대문자 S와 모양은 같지만 크기가 작습니다.

s s

T t [티]

대문자 T는 가로선을 그은 후 중앙에 세로선을 추가합니다.

T T

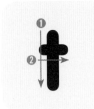

소문자 t는 세로선을 그은 후 가로선을 세로에 겹치도록 짧게 긋습니다.

t t

U u [유]

대문자 U는 왼쪽에서 시작하여 둥글게 내려갔다가 오른쪽으로 올라갑니다.

소문자 u는 대문자 U를 작게 그린 후 오른쪽에 짧은 세로선을 추가합니다.

V v [뷔]

대문자 V는 왼쪽에서 아래를 향해 대각선을 그은 후 다시 오른쪽 위를 향해 대각선을 긋습니다.

소문자 v는 대문자 V와 모양은 같지만 크기가 작습니다.

W w [더블유]

대문자 W는 V를 두 번 이어서 씁니다.

소문자 w는 대문자 W와 모양은 같지만 크기가 작습니다.

X x [엑스]

대문자 X는 왼쪽에서 오른쪽으로 대각선을 그은 후 다시 반대 방향으로 교차하도록 대각선을 추가합니다.

소문자 x는 대문자 X와 모양은 같지만 크기가 작습니다.

Y y [와이]

대문자 Y는 먼저 오른쪽 아래로 짧은 대각선을 긋습니다. 왼쪽 아래로 짧은 대각선을 그은 후 다시 수직으로 내립니다.

소문자 y는 오른쪽 아래로 짧은 대각선을 그은 후 왼쪽 아래로 긴 대각선을 추가합니다.

Z z [지] [젤]

대문자 Z는 가로선을 긋고 이어서 왼쪽 아래로 대각선을 그은 후 다시 가로선을 추가합니다.

소문자 z는 대문자 Z와 모양은 같지만 크기가 작습니다.

2 알파벳 대소문자의 올바른 구별과 사용

알파벳의 대소문자를 올바르게 구별하여 사용하는 것은 영어를 효과적으로 읽고, 쓰고, 이해하는 데 필수적인 요소입니다. 대문자가 가지는 기능들은 크게 다음과 같습니다.

① **대문자를 사용하여 문장의 가독성을 높입니다.**
문장의 첫 알파벳은 항상 대문자로 씁니다. 긴 글 속에서 각각의 문장이 어디에서 시작되는지 한눈에 파악할 수 있게 해 줍니다.
예 What is your name?

② **대문자로 고유명사를 표시합니다.**
- 이름   예 Jenny, Michael
- 장소(나라, 도시)   예 Korea, New York
- 브랜드   예 Dongyangbooks, Google

③ **대문자로 특정 문법 규칙을 나타냅니다.**
- '나'를 나타내는 대명사 I 는 항상 대문자로 표기합니다.   예 I am happy.
- 요일과 월을 나타내는 단어는 첫 글자를 항상 대문자로 표기합니다.   예 Monday, January

④ **대문자로 강한 의미를 전달할 수 있습니다.**
- 대문자를 사용하면 소문자를 쓰는 것보다 더 강한 느낌을 나타냅니다.   예 STOP! > stop!
- 앞 글자를 따서 만든 단어는 대문자로 써야 의미가 명확해집니다.   예 NASA, FBI, ASAP

3 알파벳 발음과 소리 익히기

◁》 MP3 00-01

알파벳을 정확하게 쓰는 것도 중요하지만, 올바르게 읽는 능력 역시 중요합니다. 알파벳 각각의 기본적인 소리를 익혀두면 영어 단어 읽기가 쉬워집니다.

알파벳	발음	*IPA	소리 예제	단어 예시
A a	에이	[eɪ]	아, 에이	Apple (애플)
B b	비	[biː]	브	Banana (버내너)
C c	씨	[Siː]	크, 스	Cat (캣) / City (시티)
D d	디	[diː]	드	Dog (독)

E e	이	[iː]	에, 이	Elephant (엘리펀트)
F f	에프	[ɛf]	프	Fish (피쉬)
G g	지	[dʒiː]	그, 즈	Goat (고트) / Giraffe (쥐래프)
H h	에이취	[eɪtʃ]	흐	Hat (햇)
I i	아이	[aɪ]	이, 아이	Ice (아이스)
J j	제이	[dʒeɪ]	즈, 제이	Juice (쥬스)
K k	케이	[keɪ]	크	Kite (카이트)
L l	엘	[ɛl]	을, 르	Lion (라이언)
M m	엠	[ɛm]	음, ㅁ	Monkey (몽키)
N n	엔	[ɛn]	은, ㄴ	Nest (네스트)
O o	오우	[oʊ]	오, 아	Orange (오렌쥐)
P p	피	[piː]	프	Panda (팬더)
Q q	큐우	[kjuː]	크, 큐	Queen (퀸)
R r	알	[ɑr]	르, 아르	Rabbit (래빗)
S s	에스	[ɛs]	스, 즈	Sun (썬)
T t	티	[tiː]	트	Tiger (타이거)
U u	유	[juː]	우, 유	Umbrella (엄브렐라)
V v	뷔	[viː]	브	Violin (바이올린)
W w	더블유	[ˈdʌbljuː]	워	Water (워러)
X x	엑스	[ɛks]	크스, 즈	Xylophone (자일로폰)
Y y	와이	[waɪ]	이, 와이	Yellow (옐로우)
Z z	지(USA) 젤(UK)	[ziː] [zɛd]	즈	Zebra (지브라) Zebra (제브라)

★IPA는 International Phonetic Alphabet(국제 음성 기호)의 약자입니다. 'IPA(국제 음성 기호)'는 모든 언어의 발음을 표기하는 통일된 기호 체계로, 단어의 실제 발음을 보다 정확하게 나타내는 데 사용됩니다.

본 교재는 학습자의 편의를 위해 영어에 한글 독음을 병기하였습니다.
실제 영어 발음과 차이가 있을 수 있으므로, 정확한 원어민 음원을 듣고 반복 연습하시는 것을 권해 드립니다.

01

첫 만남

누군가를 처음 만나 대화를 나눌 때 어떤 이야기로 시작하면 좋을까요?
가벼운 인사와 함께 이름, 출신, 직업 등을 묻고 답해 보세요.

주요 패턴

Pattern A

What is your [   ]?

당신의 ~은 무엇인가요?

Pattern B

I am [   ].

저는 ~입니다.

당신의 ~은 무엇인가요?

왓 이즈 유얼
What is your [   ] ?

말하기 패턴 이해하기

'What is ~?'는 우리말 '~은 무엇인가요?'라는 의미로, 뒤에 다양한 대상을 넣어 질문할 수 있습니다. 이때 묻고 싶은 대상은 우리말과 달리 문장 뒤에 위치합니다.

왓 이즈 디스
What is this? ➡ 이것은 무엇인가요?

예문의 this 위치에 '너의(당신의) ~'라는 뜻의 'your＋명사'를 넣게 되면 '당신의 ~은 무엇인가요?'라는 의미를 나타내게 됩니다. 해당 표현을 활용하여 첫 만남의 자리에서 상대방과의 자연스러운 대화를 이끌어 보세요!

표현 늘리기

🔊 **MP3 01-01**

단어를 익힌 후 패턴 공식에 넣어 다양한 문장들을 말해 보세요.

하비
hobby 취미

📣 What is your [   ] ?
당신의 취미는 무엇인가요?

네임
name 이름

📣 What is your [   ] ?
당신의 이름은 무엇인가요?

어드레스
address 주소

📣 What is your [   ] ?
당신의 주소는 무엇인가요?

폰 넘벌
phone number 전화번호

📣 What is your [   ] ?
당신의 전화번호는 무엇인가요?

🔊 MP3 01 - 02

바로 듣기 QR

❶ What is your hobby?

❷ What is your name?

❸ What is your address?

❹ What is your phone number?

1초만에 해석하기

❶ What is your hobby? ➡

❷ What is your name? ➡

❸ What is your address? ➡

❹ What is your phone number? ➡

바르게 따라 쓰기

What is your hobby?

What is your name?

What is your address?

What is your phone number?

실전 회화

Dialogue 1 이름을 묻고 답할 수 있어요.

🔊 **MP3** 01-03

Jiho
헬로. 나이스 투 밑 유.
①Hello. Nice to meet you.

Sunhee
나이스 투 밑 유, 투우.
Nice to meet you, too.

Jiho
왓 이즈 유얼 네임?
What is your name?

Sunhee
마이 네임 이즈 선희 킴.
My name is ②Sunhee Kim.

Sunhee Kim

Tip

① Hello
가장 보편적인 인사말이며, Hi(하이)로 바꿔 말할 수도 있습니다.

② Sunhee Kim
성과 이름의 순서가 우리나라와 반대이며, 첫 글자를 대문자로 표기합니다.
예 박정현 Junghyun Park

역할 교체 연습 Jiho ☐ Sunhee ☐

지호   안녕하세요. 만나서 반갑습니다.

선희   저도 만나서 반가워요.

지호   당신의 이름은 무엇인가요?

선희   제 이름은 김선희예요.

24

헬로 hello 안녕(하세요)	유 you 너(당신)	유얼 your 너(당신)의
나이스 nice 좋은, 멋진	투우 too ~도, 또한	네임 name 이름
투 to ~하여(원인, 이유)	왓 what 무엇	마이 my 나(저)의
미트 meet 만나다	이즈 is ~이다	

문법 PLUS

'wh~ 의문문'은 특정 정보를 얻기 위해 사용하는 질문 형식입니다. 알파벳 wh로 시작되는 의문사를 사용해 질문하는 형식으로, 일상생활에서 흔히 접할 수 있습니다. 주요 wh 의문사는 아래와 같습니다.

후 Who (누가)	웬 When (언제)	웨얼 Where (어디)	왓 What (무엇)	와이 Why (왜)

이 의문사들은 보통 문장의 맨 앞에 위치하며, 구체적인 정보를 요구합니다. 그래서 이 의문사를 사용할 경우 단순히 '예' 또는 '아니오'로 대답할 수 없으며, 질문에 해당하는 자세한 내용을 말해야 합니다.

예 왓 이즈 유얼 네임?
What is your name? 당신의 이름은 무엇인가요?

웬 이즈 유얼 벌뜨데이?
When is your birthday? 당신의 생일은 언제인가요?

웨얼 두 유 리브?
Where do you live? 당신은 어디에 사세요?

저는 ~입니다.

아이   엠
I am [   ].

말하기 패턴 이해하기

Be 동사는 영어에서 '～이다'라는 뜻을 나타내는 동사로 다음과 같은 특징을 가지고 있습니다.

1. 주어에 따라 사용되는 Be 동사가 다릅니다.

나 (I 아이)	am 엠

너, 당신 (you 유)	are 알

그 (he 히) 그녀 (she 쉬) 그것 (it 잇)	is 이즈

2. 주어와 Be 동사는 줄임 형태로도 많이 사용됩니다.
   대표적으로 I am은 줄여서 I'm으로 표기할 수 있습니다.

3. 뒤에 형용사나 명사 등과 함께 쓰여 자신의 상태나 직업, 출신 등을 말합니다.

표현 늘리기

🔊 **MP3** 01-05

단어를 익힌 후 패턴 공식에 넣어 다양한 문장들을 말해 보세요.

타이얼드
tired 피곤한

📢 I am [   ].
저는 피곤해요.

해피
happy 행복한

📢 I am [   ].
저는 행복해요.

티쳘
teacher 선생님

📢 I am a [   ].
저는 선생님이에요.

프럼 서울
from Seoul 서울에서 온

📢 I am [   ].
저는 서울에서 왔어요.

바로 듣기 QR

❶ I am tired.

❷ I am happy.

❸ I am a teacher.

❹ I am from Seoul.

1초만에 해석하기

❶ I am tired. ➡

❷ I am happy. ➡

❸ I am a teacher. ➡

❹ I am from Seoul. ➡

바르게 따라 쓰기

I am tired.

I am happy.

I am a teacher.

I am from Seoul.

Dialogue 2 출신과 직업을 말할 수 있어요.

🔊 MP3 01-07

Linda
웨얼 알 유 프럼?
Where ❶are you from?

Jiho
아임 프럼 서울, 코리아.
I'm from ❷Seoul, Korea.

Linda
왓 두 유 두?
What do you do?

Jiho
아이 워즈 어 티쳘. 나우 아임 리타이얼드.
I was ❸a teacher. Now I'm retired.

Tip

❶ Are you ~?
You are ~.(당신은 ~입니다.)에서 주어와 Be 동사의 순서를 바꾸면
의문문이 됩니다. Are you ~?(당신은 ~입니까?)

❷ Seoul, Korea
영어의 행정구역은 우리나라와 반대로 작은 단위를 먼저 말합니다.

❸ a
단수 명사는 앞에 a(어) 또는 an(언)을 붙여 말합니다.
명사의 첫소리가 모음 a, e, i, o, u로 발음되는 경우에는 a 대신 an을 사용합니다.

역할 교체 연습 Linda ☐ Jiho ☐

린다   어디에서 오셨나요?

지호   저는 한국의 서울 출신입니다.

린다   무슨 일을 하세요?

지호   저는 선생님이었습니다. 지금은 은퇴했어요.

웨얼 **where** 어디에	엠 **am** ~이다	워즈 **was** ~였다(am의 과거형)
알 **are** ~이다	코리아 **Korea** 한국	어 **a** 단수 명사를 나타냄
프럼 **from** ~로부터	두 **do** 의문 표현(조동사)	나우 **now** 지금(은)
아이 **I** 나	두 **do** ~하다(일반 동사)	리타이얼드 **retired** 은퇴한

문법 PLUS

주어 I와 함께 사용되는 Be 동사 'am'에 대해 조금 더 자세히 알아보도록 하겠습니다.

1. 현재형

  1) I와 함께 사용하는 Be 동사의 현재형은 'am'으로 '~이다'라는 뜻을 나타냅니다.

  예 I am happy. 저는 행복해요.

  2) I am은 흔히 I'm으로 줄여서 표현합니다.

  예 I'm a teacher. 저는 선생님이에요.

2. 과거형

  1) I와 함께 사용하는 Be 동사의 과거형은 'was'로 '~이었다'라는 뜻을 나타냅니다.

  예 I was happy. 저는 행복했어요.

  2) 과거형 I was는 줄여서 표현하지 않습니다.

주어 I와 함께 사용되는 Be 동사의 현재형은 'am', 과거형은 'was'라는 것을 기억해 주세요.
이를 통해 자신의 현재 상태나 과거의 상황을 간단하게 표현할 수 있습니다.

확인 연습

01 우리말 뜻과 알맞은 영어 단어를 이어 보세요.

❶ 좋은, 멋진 •　　　• what　　　❺ 만나다 •　　　• retired

❷ 무엇 •　　　• Korea　　　❻ 어디 •　　　• meet

❸ 지금(은) •　　　• nice　　　❼ 이름 •　　　• where

❹ 한국 •　　　• now　　　❽ 은퇴한 •　　　• name

02 녹음을 듣고 대화문의 괄호에 들어갈 단어를 써 보세요.

Dialogue 1　🔊 MP3 01-09

A (❶　　　　　). Nice to meet you.

B Nice to (❷　　　　) you, too.

A (❸　　　　) is your name?

B My (❹　　　　) is Sunhee Kim.

Dialogue 2　🔊 MP3 01-10

A (❺　　　　　) are you from?

B I'm from Seoul, (❻　　　　).

A What (❼　　　　) you do?

B I was a (❽　　　　). Now I'm retired.

03 빈칸에 알맞은 단어를 넣어 문장을 완성해 보세요.

❶ What is your _____? 당신의 이름은 무엇인가요?

❷ _____ to meet you, too. 저도 만나서 반갑습니다.

❸ _____ do you do? 무슨 일을 하세요?

❹ Now I'm _____. 지금은 은퇴했습니다.

04 단어를 선택하여 문장을 완성하고 바르게 써 보세요.

What is ✛ your ✛ hobby / name / address / phone number ?

❶ 당신의 주소는 무엇인가요?

_____

_____

_____

❷ 당신의 취미는 무엇인가요?

_____

_____

_____

I am ✛ tired / happy / a teacher / from Seoul .

❸ 저는 행복해요.

_____

_____

_____

❹ 저는 서울에서 왔어요.

_____

_____

_____

생활 속 영어 상식

'핸드폰'이 영어 단어가 아니라고요?

영어를 배우다 보면, 우리가 평소에 쓰는 단어가 정말 영어권 국가에서도 사용하는 단어일까 헷갈리는 경우가 있습니다. 대표적인 예가 바로 '핸드폰'인데요, 이 단어는 영어 같지만 사실 영어가 아닙니다. 한국에서 만들어진 영어식 표현이죠.

어떤 분이 외국 여행 중 핸드폰을 잃어버리고 현지인에게 이렇게 물었다고 합니다.
"Excuse me. I lost my hand phone." 실례합니다. 저 핸드폰을 잃어버렸어요.

그러자 외국인이 깜짝 놀란 표정으로 되물었습니다.
"Your hand? Phone? What do you mean?" 당신 손이요? 전화기요? 무슨 말씀이세요?

그 외국인은 핸드폰이라는 단어를 듣고, 손과 전화기를 따로 생각했던 겁니다.

외국에서는 휴대전화를 'cell phone(셀 폰)' 또는 'mobile phone(모바일 폰)'이라고 부릅니다. 그런데 한국에서는 휴대전화가 손(hand)에 들고 다니는 전화기(phone)라는 뜻에서 핸드폰으로 불리기 시작했지요. 이 표현이 너무 익숙하다 보니, 정식 영어 단어라고 생각하시는 분들도 많습니다.

이처럼 우리가 익숙하게 쓰는 단어도 실제 영어와는 다를 수 있습니다. 하지만 이런 실수는 절대 부끄러운 게 아닙니다. 오히려 웃음과 재미를 통해 영어를 배우는 기회가 될 수 있습니다. 그러니 핸드폰이 'hand phone'이 아니라 'cell phone'이라는 것을 기억해 두시고, 다음에 외국에서 이야기할 때 유용하게 써 보세요. 그리고 실수하더라도 웃으며 배우는 자세를 잊지 마세요!

02

날씨

날씨에 따라 외부 활동을 계획할 수도 있고 또 취소할 수도 있습니다.
본인이 선호하는 날씨와 가까운 미래의 날씨에 대해 묻고 답해 보세요.

주요 패턴

Pattern A

How is ⬚ ?

~은 어떤가요?

Pattern B

It will ⬚ .

~할 거예요.

~은 어떤가요?

하우　이즈
How is [ ] ?

말하기 패턴 이해하기

how는 '어떻게' 또는 '얼마나'라는 의미를 가진 의문사입니다. Be 동사 is(~이다)와 함께 쓰이면, '~은 어떤가요?'처럼 상황이나 상태의 정도를 묻는 표현이 됩니다. 'How is' 뒤에 알고 싶은 대상을 넣어 다양한 질문을 만들 수 있습니다.

하우　　이즈　　더　　웨덜
How is the weather? ➡ 날씨가 어떤가요?

how가 쓰인 의문문은 단순히 '예' 또는 '아니오'로 답할 수 없고 구체적인 방법이나 상태, 정도에 대한 설명이 필요합니다. 따라서 상대방의 상황이나 행동 방식을 더 명확하게 이해할 수 있습니다.

표현 늘리기

🔊 **MP3 02-01**

단어를 익힌 후 패턴 공식에 넣어 다양한 문장들을 말해 보세요.

웨덜 **weather** 날씨	풋 **food** 음식
📢 How is the [ ]? 날씨가 어떤가요?	📢 How is the [ ]? 그 음식은 어떤가요?
패밀리 **family** 가족	헬쓰 **health** 건강
📢 How is your [ ]? 당신의 가족은 어떤가요?	📢 How is your [ ]? 당신의 건강은 어떤가요?

듣고 따라 말하기

바로 듣기 QR

❶ How is the weather?

❷ How is the food?

❸ How is your family?

❹ How is your health?

1초만에 해석하기

❶ How is the weather? ➡

❷ How is the food? ➡

❸ How is your family? ➡

❹ How is your health? ➡

바르게 따라 쓰기

How is the weather?

How is the food?

How is your family?

How is your health?

실전 회화

날씨를 묻고 답할 수 있어요.

🔊 **MP3 02-03**

Jiho
하우 이즈 더 웨덜 투데이?
How is the weather today?

Sunhee
잇 이즈 클라우디.
It is ❶cloudy.

Jiho
아이 라익 디스 웨덜.
I ❷like this weather.

Sunhee
오, 뤼얼리? 아이 라익 잇, 투우.
Oh, really? I like it, too.

Tip

❶ cloudy

Cloud(클라우드)는 '구름'을 나타내는데, 뒤에 y가 붙어 '구름 낀', '흐린'의 뜻이 되었습니다. 이처럼 영어의 날씨에는 명사 뒤에 y가 붙는 형태의 단어들이 많습니다.

예 sun(썬) 태양 - sunny(써니) 맑은
rain(레인) 비 - rainy(레이니) 비가 내리는
wind(윈드) 바람 - windy(윈디) 바람이 부는

❷ like

'좋아하다'라는 의미의 동사 like는 날씨뿐만 아니라 다양한 대상과 함께 쓰여 자신의 기호를 나타낼 수 있습니다.

예 I like coffee. 저는 커피를 좋아해요.

역할 교체 연습 Jiho ☐ Sunhee ☐

지호   오늘 날씨가 어떤가요?

선희   날씨가 흐리네요.

지호   저는 이런 날씨를 좋아해요.

선희   아, 진짜요? 저도 좋아해요.

🔊 MP3 02-04

하우 how 어떻게	잇 it 그것	디스 this 이, 이것
더 the 유일 대상 표현	이즈 is ~이다	오 oh 아, 오(가벼운 놀람)
웨덜 weather 날씨	클라우디 cloudy 흐린, 구름낀	뤼얼리 really 정말로
투데이 today 오늘	라이크 like 좋아하다	투우 too ~도, 또한

문법 PLUS

'정관사'라고 불리는 the는 특정한 사람, 사물, 장소를 가리키는 명사 앞에 사용됩니다.
the를 사용하는 경우는 다음과 같습니다.

• 세상에서 유일한 대상 또는 강, 바다, 산맥 등의 고유명사를 말할 때

더 썬　　　　　더 문　　　　　더 웨덜
예 the sun 태양 / the moon 달 / the weather 날씨

더 나일 리벌　　　　　더 로키 마운튼스
the Nile River 나일강 / the Rocky Mountains 로키산맥

• 특정 장소나 단체, 국가명을 말할 때

더 와잍 하우스　　　　　더 유나이티드 스테이츠 옵 어메리카
예 the White House 백악관 / the United States of America 미국(USA)

• 이미 앞에서 언급되었거나, 말하는 이와 듣는이가 모두 알고 있는 특정 대상을 가리킬 때

더 캣 이즈 큐트.
예 The cat is cute. (눈 앞에 있는, 혹은 앞서 얘기한) 이/그 고양이는 귀여워요.

~할 거예요.

잇 월
It will 　　　　　.

will은 '~할 것이다'의 뜻으로 현재에 근거하여 미래의 상황을 예측하는 표현입니다.

하우　　　월　　　레인
It　will　rain.　➡ 비가 내릴 거예요.

'It will ~.' 구문은 주로 미래에 일어날 일을 예측할 때 사용합니다. It 대신 I, you, he, she 등의 사람이 쓰일 경우 그 사람이 미래에 어떤 행동을 하겠다는 의지나 약속을 나타낼 수도 있습니다.

아이 윌 헬프 유.
예 I will help you. 내가 당신을 도와줄 거예요.

표현 늘리기　　　　　　　　　　　　　　　　　　　　🔊 MP3 02-05

단어를 익힌 후 패턴 공식에 넣어 다양한 문장들을 말해 보세요.

레인 **rain** 비가 내리다	비 써니 **be sunny** 맑아지다
🔊 It will 　　　　. 비가 내릴 거예요.	🔊 It will 　　　　. 맑아질 거예요.
겟 콜드 **get cold** 추워지다	스탈트 **start** 시작하다
🔊 It will 　　　　. 추워질 거예요.	🔊 It will 　　　　. 시작될 거예요.

◁)) MP3 02-06

바로 듣기 QR

❶ It will rain.

❷ It will be sunny.

❸ It will get cold.

❹ It will start.

1초만에 해석하기

❶ It will rain. ➡

❷ It will be sunny. ➡

❸ It will get cold. ➡

❹ It will start. ➡

바르게 따라 쓰기

It will rain.

It will be sunny.

It will get cold.

It will start.

Dialogue 2 미래의 날씨를 말할 수 있어요.

🔊 MP3 02-07

Jiho
하우 이즈 더 웨덜 투마로우?
How is the weather tomorrow?

Sunhee
잇 윌 레인.
It will rain.

Jiho
오, 노! 슈드 위 캔슬 아월 골프 게임?
❶**Oh, no! Should we cancel our golf game?**

Sunhee
렛츠 웨잇. 메이비 잇 윌 비 써니.
❷**Let's wait. Maybe it will be sunny.**

Tip

❶ Oh, no!
놀람이나 실망을 나타내며, 예상치 못한 부정적 상황에 대한 감정을 전달할 때 사용됩니다. 우리 말의 '오, 이런!' 혹은 '어머나!'와 비슷합니다.

❷ Let's
'Let us'의 줄임 형태로 함께 어떤 행동을 하자는 제안을 할 때 사용합니다.

역할 교체 연습 Jiho ☐ Sunhee ☐

지호   내일 날씨는 어떤가요?

선희   비가 내릴 거예요.

지호   오, 이런! 우리의 골프 게임을 취소해야 할까요?

선희   기다려 봅시다. 어쩌면 맑아질 수도 있어요.

단어 PLUS

🔊 **MP3 02-08**

투마로우 **tomorrow** 내일	위 **we** 우리	게임 **game** 게임
윌 **will** ~할/일 것이다	캔슬 **cancel** 취소하다	렛츠 **let's** ~하자(let us)
노 **no** 아니, 안 돼	아월 **our** 우리의	웨이트 **wait** 기다리다
슈드 **should** ~해야한다	골프 **golf** 골프	메이비 **maybe** 어쩌면, 아마

문법 PLUS

'Should we ~?' 구문은 제안이나 의견을 물을 때 사용하는 표현입니다. 한국어로 해석하면 '우리 ~을 해야 할까요?', '우리 ~을 하는 게 어떨까요?' 등의 의미를 나타내며, 문장 구조는 다음과 같습니다.

> Should + 주어 + 동사 ~?

슈드 위 캔슬 아월 트립?
📀 Should we cancel our trip? 우리 여행을 취소해야 할까요?

'Should we ~?'와 비슷한 표현으로 'Let's + 동사 원형' 구문을 통해 제안할 수도 있는데, 의미가 조금 더 직설적으로 바뀌게 됩니다.

렛츠 캔슬 아월 트립.
📀 Let's cancel our trip. 우리 여행을 취소합시다.

01 우리말 뜻과 알맞은 영어 단어를 이어 보세요.

❶ 좋아하다 •   • really   ❺ 기다리다 •   • our

❷ 오늘 •   • this   ❻ 우리의 •   • cancel

❸ 진짜로 •   • like   ❼ 취소하다 •   • let's

❹ 이, 이것 •   • today   ❽ ~하자 •   • wait

02 녹음을 듣고 대화문의 괄호에 들어갈 단어를 써 보세요.

Dialogue 1   🔊 **MP3 02-09**

A (❶   ) is the weather today?

B It is (❷   ).

A I like this (❸   ).

B Oh, really? I like it, (❹   ).

Dialogue 2   🔊 **MP3 02-10**

A How is the weather (❺   )?

B It (❻   ) rain.

A Oh, no! (❼   ) we cancel our golf game?

B Let's wait. (❽   ) it will be sunny.

03 빈칸에 알맞은 단어를 넣어 문장을 완성해 보세요.

❶ How is the _____ today? 오늘 날씨는 어떤가요?

❷ I _____ this weather. 저는 이런 날씨를 좋아해요.

❸ It will _____. 비가 내릴 거예요.

❹ Maybe it will _____. 어쩌면 맑아질 수도 있어요.

04 단어를 선택하여 문장을 완성하고 바르게 써 보세요.

| How is | + | the/your | + | weather / food / family / health ? |

❶ 날씨가 어떤가요?
_____

_____

❷ 당신의 건강은 어떠세요?
_____

_____

| It will | + | rain / be sunny / get cold / start . |

❸ 비가 내릴 거예요.
_____

_____

❹ 추워질 거예요.
_____

_____

'에어컨'이 영어 단어가 아니라고요?

이번 챕터에서는 더운 날씨와 관련된 재미있는 영어 단어를 하나 알아보겠습니다. 여름날 우리를 시원하게 해 주는 것에는 어떤 것이 있을까요? 시원한 음료와 수박 등의 과일들도 있지만, 에어컨만큼이나 우리를 시원하게 해 주는 것은 없을 것입니다. 에어컨에 관한 일화를 하나 알려 드릴게요.

어느 날, 한 한국인 관광객이 호텔 로비에서 직원에게 다음과 같이 요청했습니다.
"Can you turn on the aircon?" 에어컨을 켜 주시겠어요?

그러자 호텔 직원이 당황하며 되물었습니다.
"Air? Corn? What is aircorn?" 공기? 옥수수? 공기옥수수가 뭐지요?

한국 관광객이 손동작으로 에어컨에 대해 한참을 설명하자, 호텔 직원은 그제서야 이해하고서 다시 물었습니다.
"Oh! Do you mean the air conditioner?" 아! 에어컨 말씀하시는 거죠?

영어권에서는 aircon이라고 말하지 않기 때문에 그 직원은 con과 발음이 비슷한 corn(옥수수)으로 잘못 이해하고 공기와 옥수수를 떠올리게 된 것이었습니다.

이처럼 우리가 익숙하게 사용하는 영어 단어들 중에는 실제 영어권에서 사용하지 않는 것들이 있습니다. 에어컨은 영어로 보통 air conditioner(에얼 컨디셔널) 또는 줄여서 AC(에이씨)라고 말합니다. 여름에 영어권 국가를 여행할 예정이라면, 이 단어를 꼭 기억하셔서 더위를 피하도록 하세요!

03

취미와 관심사

여러분은 평소 어떤 활동을 즐기시나요?
취미나 관심사를 바탕으로 상대와 자연스럽게 대화를 시작해 보세요.

주요 패턴

Pattern A

I love ⬚ing ~.

저는 ~하는 것을 좋아해요.

Pattern B

Do you have ⬚?

당신은 ~을 가지고 계신가요?

저는 ~하는 것을 좋아해요.

아이 러브
I love [ ]**ing ~.**

말하기 패턴 이해하기

동사 love는 뒤에 명사가 올 경우 '~을 사랑하다'라는 의미를 나타냅니다. 하지만 뒤에 '동사+ing'의 형태가 오는 경우 '~하는 것을 좋아하다'라는 의미를 나타낼 수 있습니다.

아이 러브 쿠킹
I love cooking. ➡ 저는 요리하는 것을 좋아해요.

위 예문에서 'cooking'은 'cook(요리하다)+ing'의 형태로 '요리하는 것'이라는 명사적 의미를 나타냅니다. 'I love –ing.' 구문은 love를 like로 바꾸어 말할 수도 있으며, 이 문장을 활용하면 개인의 취미나 습관을 자연스럽게 표현할 수 있습니다.

표현 늘리기

🔊 **MP3** 03-01

단어를 익힌 후 패턴 공식에 넣어 다양한 문장들을 말해 보세요.

쿡 **cook** 요리하다 📢 I love [ ]ing. 저는 요리하는 것을 좋아해요.	터크 **talk** 이야기하다 📢 I love [ ]ing. 저는 이야기하는 것을 좋아해요.
워크 **walk** 걷다 📢 I love [ ]ing. 저는 걷는 것을 좋아해요.	리슨 **listen** 듣다 📢 I love [ ]ing. 저는 듣는 것을 좋아해요.

바로 듣기 QR

❶ I love cooking.

❷ I love talking.

❸ I love walking.

❹ I love listening.

1초만에 해석하기

❶ I love cooking. ➡

❷ I love talking. ➡

❸ I love walking. ➡

❹ I love listening. ➡

바르게 따라 쓰기

I love cooking.

I love talking.

I love walking.

I love listening.

Dialogue 1 좋아하는 대상과 행동을 묻고 답할 수 있어요.

🔊 MP3 03 - 03

Jiho
두 유 라익 뮤직?
Do you like music?

Sunhee
예, 아이 러브 리스닝 투 뮤직.
Yeah, I love listening to music.

Jiho
후 이즈 유얼 페이버릿 씽얼?
❶Who is your favorite singer?

Sunhee
아이 라익 영웅 비커우즈 히즈 쏭즈 알 어메이징.
I like Young-woong because his ❷songs are amazing.

Tip

❶ who

'누구, 누가'라는 의미로, 사람을 물을 때 사용하는 의문사입니다.

예 Who are you? 당신은 누구입니까?

❷ songs

일반적인 경우 명사 뒤에 –s를 붙여 복수를 나타내는데, –ch, –sh, –s, –x, –o로
끝나는 명사는 뒤에 –es를 붙여 복수를 표현합니다.

예 song → songs (노래 → 노래들)
　bus → buses (버스 → 버스들)

역할 교체 연습 Jiho ☐ Sunhee ☐

지호　음악 좋아하세요?

선희　네, 저는 음악 듣는 것을 좋아해요.

지호　가장 좋아하는 가수는 누구인가요?

선희　저는 영웅을 좋아하는데, 왜냐하면 그의 노래들이 굉장하기 때문이에요.

🔊 **MP3** 03 - 04

뮤직 music 음악	후 who 누구, 누가	히즈 his 그의
예 yeah 긍정, 동의 표현	페이버릿 favorite 가장 좋아하는	쏭 song 노래
러브 love 사랑하다	씽얼 singer 가수	알 are ~이다(is의 복수형)
리슨 투 listen to ~을 듣다	비커우즈 because 왜냐하면	어메이징 amazing 굉장하다

문법 PLUS

because는 '왜냐하면 ~이기 때문이다' 라는 뜻으로 이유를 말할 때 사용하는 접속사입니다. 일반적인 문장 구조는 다음과 같습니다.

주어 + 동사 ~ because + 주어 + 동사 ~.

아이 라잌 영웅 비커우즈 히즈 쏭즈 알 어메이징.

예 I like Young-woong because his songs are amazing.

저는 영웅을 좋아하는데, 왜냐하면 그의 노래들이 굉장하기 때문이에요.

because가 문장 앞에 위치할 수도 있습니다. 이런 경우에는 이유를 나타내는 내용 뒤에 쉼표(,)를 넣어 주는 것이 자연스럽습니다.

비커우즈 히즈 쏭즈 알 어메이징, 아이 라잌 영웅.

예 Because his songs are amazing, I like Young-woong.

그의 노래들이 굉장하기 때문에, 저는 영웅을 좋아해요.

당신은 ~을 가지고 계신가요?

두 유 해브
Do you have ⬚ ?

말하기 패턴 이해하기

'Do you have ~?'는 상대방이 어떤 것을 가지고 있는지를 물어볼 때 쓰는 질문 형식입니다. 이 질문 형식은 구체적인 사물뿐만 아니라 취미, 시간 등 추상적인 대상을 가지고 있는지에 대해서도 물어볼 수 있습니다.

두 유 해브 어 하비
Do you have a hobby?

➡ 당신은 취미를 가지고 있으신가요?

우리말 어순과 다르게 목적어(hobby)가 동사(have) 뒤에 온다는 점을 기억하세요.

표현 늘리기

🔊 MP3 03-05

단어를 익힌 후 패턴 공식에 넣어 다양한 문장들을 말해 보세요.

키 **key** 열쇠	펜 **pen** 펜
📢 Do you have a ⬚ ? 당신은 열쇠를 가지고 계신가요?	📢 Do you have a ⬚ ? 당신은 펜을 가지고 계신가요?
퀘스쳔 **question** 질문	모먼트 **moment** 잠깐, 잠시
📢 Do you have a ⬚ ? 당신은 질문이 있으신가요?	📢 Do you have a ⬚ ? 당신은 잠시 시간이 있으신가요?

🔊 **MP3** 03 - 06

바로 듣기 QR

❶ Do you have a key?

❷ Do you have a pen?

❸ Do you have a question?

❹ Do you have a moment?

1초만에 해석하기

❶ Do you have a key? ➡

❷ Do you have a pen? ➡

❸ Do you have a question? ➡

❹ Do you have a moment? ➡

바르게 따라 쓰기

Do you have a key?

Do you have a pen?

Do you have a question?

Do you have a moment?

실전 회화

Dialogue 2 취미를 묻고 답할 수 있어요.

🔊 **MP3** 03-07

두 유 해브 어 하비?
Sunhee Do you have a hobby?

아이 라익 워칭 유튜브.
Jiho I like watching YouTube.

와이 두 유 라익 잇?
Sunhee ❶ Why do you like it?

잇츠 펀 앤 릴렉싱.
Jiho ❷ It's fun and relaxing.

Tip

❶ why

Why는 '왜, 어째서'라는 의미로, 이유를 물어볼 때 사용하는 의문사입니다.
"Why do you like it?" 문장은 상대방에게 그 행동이나 취미를 선택한 이유를
구체적으로 물어볼 수 있습니다.

❷ It's

일상 회화에서 종종 It is를 It's와 같이 줄여서 말하는데, 이는 문장이
간결해지고 더 자연스러운 느낌을 줍니다.

역할 교체 연습 Sunhee ☐ Jiho ☐

선희 당신은 취미를 가지고 계신가요?

지호 저는 유튜브 보는 것을 좋아해요.

선희 왜 그것을 좋아하나요?

지호 재미있고 마음을 편안하게 해 주거든요.

52

두 **do** 의문 표현(조동사)	잇 **it** 그것	펀 **fun** 재미있는
해브 **have** 가지다	워치 **watch** 보다	앤드 **and** 그리고
어 **a** 단수 명사를 나타냄	유튜브 **YouTube** 유튜브	릴렉싱 **relaxing** 편안한
라이크 **like** 좋아하다	와이 **why** 왜, 어째서	

문법 PLUS

평서문을 의문문으로 바꿔 말하는 방법에 대해 알아보도록 하겠습니다.

먼저 평서문은 일반 동사(have, like, go 등)를 사용해 '주어+동사+목적어' 형태로 만들 수 있습니다.

유 해브 어 펜.
예 **You have a pen.** 당신은 펜을 가지고 있습니다.

이런 평서문을 의문문으로 바꿔 말할 때는 주어 앞에 의문을 나타내는 조동사 Do를 추가하고,
문장 끝에 물음표를 붙여 주면 됩니다.

두 유 해브 어 펜?
예 Do **you have a pen?** 당신은 펜을 가지고 있습니까?

만약 질문하는 대상이 3인칭 단수(he, she, it 등)라면 Do를 Does로 바꿔 말해야 합니다.

더즈 쉬 해브 어 펜?
예 Does **she have a pen?** 그녀는 펜을 가지고 있습니까?

확인 연습

01 우리말 뜻과 알맞은 영어 단어를 이어 보세요.

❶ 가수 • • amazing   ❺ 그리고 • • have

❷ 굉장하다 • • music   ❻ 재미있는 • • fun

❸ 음악 • • his   ❼ 가지다 • • and

❹ 그의 • • singer   ❽ 편안한 • • relaxing

02 녹음을 듣고 대화문의 괄호에 들어갈 단어를 써 보세요.

Dialogue **1**	🔊 MP3 03-09

A (❶   ) you like music?

B Yeah, I love (❷   ) to music.

A Who is your (❸   ) singer?

B I like Young-woong (❹   ) his songs are amazing.

Dialogue **2**	🔊 MP3 03-10

A Do you have a (❺   )?

B I like (❻   ) YouTube.

A (❼   ) do you like it?

B It's fun (❽   ) relaxing.

03 빈칸에 알맞은 단어를 넣어 문장을 완성해 보세요.

❶ _____ is your favorite singer? 가장 좋아하는 가수는 누구인가요?

❷ His _____ are amazing. 그의 노래들은 굉장해요.

❸ Do you _____ a hobby? 취미를 가지고 계신가요?

❹ It's _____ and relaxing. 재미있고 마음을 편안하게 해 줘요.

04 단어를 선택하여 문장을 완성하고 바르게 써 보세요.

I love ＋ cook / talk / walk / listen ＋ ing .

❶ 저는 이야기하는 것을 좋아해요.

_____

_____

❷ 저는 걷는 것을 좋아해요.

_____

_____

Do you have ＋ a ＋ key / pen / question / moment ?

❸ 펜을 가지고 계신가요?

_____

_____

❹ 질문이 있으신가요?

_____

_____

생활 속 영어 상식

'콘서트'를 종류별로 다르게 말한다고요?

음악은 많은 사람들이 사랑하는 취미 중 하나로, 가수들의 콘서트에 가는 것을 좋아하는 분들이 많을 것입니다. 오늘은 '콘서트', '음악회' 등 공연과 관련된 다양한 영어 표현과 그 차이에 대해 알아보겠습니다.

한국에서는 '콘서트'라는 단어를 그대로 사용하는 경우가 많지만, 영어권에서는 공연의 성격이나 규모에 따라 표현이 달라집니다.

① Concert (콘설트)
주로 큰 규모의 음악 공연을 말합니다. 오케스트라, 유명 밴드 또는 솔로 아티스트의 정규 공연을 표현할 때 사용됩니다.

② Music show (뮤직 쇼)
주로 텔레비전에서 방영되는 음악 프로그램에 사용됩니다.

③ Live performance (라이브 펄포먼스)
직접 무대에서 펼쳐지는 모든 종류의 공연을 나타냅니다. 음악뿐만 아니라 연극, 오페라 등 다양한 장르의 공연에 사용될 수 있습니다.

'콘서트에 가다'라는 표현을 할 때 'going to a concert'라고 말하는 경우가 많습니다. 하지만, 실제 원어민들은 'attending a concert(콘서트에 참석하다)'라는 표현도 많이 사용합니다.
'go'는 '장소 이동'의 느낌이 강한 반면, 'attend'는 단순히 가는 것이 아닌 '활발히 참여하는 느낌'을 표현하기 때문에 함께 즐길 수 있는 공연에 갈 때 자주 사용합니다.

아임 고잉 투 어 콘설트.
I'm going to a concert. 저는 콘서트에 가는 중이에요.
아임 어텐딩 어 콘설트.
I'm attending a concert. 저는 콘서트에 참석하는 중이에요.

04

전화와 문자

누군가와 가까워지는 과정에서 전화와 문자는 가장 중요한 소통 수단이 될 수 있습니다.
전화 통화와 문자 메시지에 관한 표현을 익혀 보세요.

주요 패턴

Pattern A

May I [   ]?

제가 ~해도 될까요?

Pattern B

I look forward to [   ]ing ~.

저는 ~하는 게 기대돼요.

제가 ~해도 될까요?

메이   아이

May I [   ] ?

말하기 패턴 이해하기

'May I ~?'는 뒤에 동작을 나타내는 말과 함께 쓰여 상대에게 공손하게 허락이나 동의를 구할 때 사용하는 표현입니다.

메이   아이   스피크   투   수지

May I speak to Sooji ?

➡ 제가 수지와 통화할 수 있을까요?

상대에게 어떤 행동을 해도 되는지 정중하게 묻는 구문이므로, 주로 처음 만난 자리 또는 공식적인 상황에서 예의 있게 행동해야 하는 경우에 많이 쓰입니다.

표현 늘리기

🔊 **MP3** 04 - 01

단어를 익힌 후 패턴 공식에 넣어 다양한 문장들을 말해 보세요.

컴인 **come in** 들어가다	헬프 **help** 도와주다
📣 May I [ ] ? 제가 들어가도 될까요?	📣 May I [ ] you? 제가 당신을 도와 드려도 될까요?
유즈 **use** 사용하다	스피크 투 **speak to** ~에게 말하다
📣 May I [ ] your pen? 제가 당신의 펜을 써도 될까요?	📣 May I [ ] Jiho? 제가 지호와 통화할 수 있을까요?

바로 듣기 QR

❶ May I come in?

❷ May I help you?

❸ May I use your pen?

❹ May I speak to Jiho?

1초만에 해석하기

❶ May I come in? ➡

❷ May I help you? ➡

❸ May I use your pen? ➡

❹ May I speak to Jiho? ➡

바르게 따라 쓰기

May I come in?

May I help you?

May I use your pen?

May I speak to Jiho?

Dialogue 1 정중하게 통화를 요청할 수 있어요.

🔊 MP3 04-03

Jiho
헬로? 디스 이즈 수지스 폰.
Hello? ❶This is ❷Sooji's phone.

Lily
헬로. 메이 아이 스피크 투 수지, 플리즈?
Hello. May I speak to Sooji, please?

Jiho
쉬 이즈 아웃 롸잇 나우.
She is out right now.

Lily
오케이. 아이 윌 콜 백 레이럴.
Okay. I will call back later.

Tip

❶ This is
전화상에서 자신을 말할 때는 'I am ~.'이 아니라 'This is ~.'로 말해야 합니다.
예 Hello? This is Jiho. 여보세요? 저는 지호입니다.

❷ Sooji's
대상's 형식은 '~의'라는 뜻으로 특정 대상의 소유를 나타낼 수 있습니다.
예 This is my sister's car. 이것은 제 여동생의 차입니다.

역할 교체 연습 Jiho ☐ Lily ☐

지호	안녕하세요? 수지의 전화입니다.
릴리	안녕하세요. 제가 수지와 통화할 수 있을까요?
지호	수지는 지금 밖에 있어요.
릴리	네, 다음에 다시 걸게요.

단어 PLUS

🔊 **MP3 04-04**

폰 **phone** 전화기	아웃 **out** 밖	윌 **will** ~할 것이다
메이 **may** ~해도 되다	라이트 **right** 바로, 정확히	레이럴 **later** 나중에, 후에
플리즈 **please** 부디, 제발	나우 **now** 지금(은)	콜 백 **call back** (전화를 했던 사람에게) 다시 전화를 하다
쉬 **she** 그녀	오케이 **okay** 좋은, 괜찮은	

문법 PLUS

Call은 '전화'라는 명사의 뜻을 가지는 동시에 '부르다, 전화하다'라는 동사의 뜻도 가집니다. 영어에는 이처럼 명사와 동사의 뜻을 모두 가지는 독특한 단어들이 있는데, 어떤 단어들인지 함께 알아볼까요?

단어	명사 뜻	동사 뜻
answer	대답	대답하다
book	책	예약하다
change	변화 / 거스름돈	바꾸다
drink	음료	마시다
end	끝	끝내다
fight	싸움	싸우다
guess	추측	추측하다
handle	손잡이	다루다
invite	초대	초대하다

저는 ~하는 게 기대돼요.

아이 룩 포월드 투
I look forward to ⬜ing ~.

말하기 패턴 이해하기

'look forward to ~.'는 '~하는 게 기대되다.'라는 의미로 어떤 일에 대한 긍정적 기대감을 나타내는 표현입니다. 목적어 자리에는 주로 '동사+ing' 형태가 오는데, '~하는 것'이라는 의미를 가집니다.

아이   룩   포월드   투   씨잉   유
I look forward to seeing you.

➡ 저는 당신을 보는 것이 기대돼요.

위 문장은 어떤 약속을 잡았을 때, 상대에게 기대감을 표현하는 좋은 마무리 멘트가 될 수 있습니다.

표현 늘리기

🔊 MP3 04-05

단어를 익힌 후 패턴 공식에 넣어 다양한 문장들을 말해 보세요.

씨잉 **seeing** 보는 것	밑잉 **meeting** 만나는 것
📣 I look forward to ▨you. 저는 당신을 보는 것이 기대돼요.	📣 I look forward to ▨you. 저는 당신과 만나는 것이 기대돼요.
런잉 **learning** 배우는 것	잍잉 **eating** 먹는 것
📣 I look forward to ▨ English. 저는 영어를 배우는 것이 기대돼요.	📣 I look forward to ▨ that food. 저는 그 음식을 먹는 것이 기대돼요.

듣고 따라 말하기

바로 듣기 QR

① I look forward to seeing you.

② I look forward to meeting you.

③ I look forward to learning English.

④ I look forward to eating that food.

1초만에 해석하기

① I look forward to seeing you. ➡

② I look forward to meeting you. ➡

③ I look forward to learning English. ➡

④ I look forward to eating that food. ➡

바르게 따라 쓰기

I look forward to seeing you.

I look forward to meeting you.

I look forward to learning English.

I look forward to eating that food.

Dialogue 2 문자를 요청할 수 있어요.

🔊 MP3 04-07

Jiho
아이 원 투 인바잍 유 투 디널.
I want to invite you to dinner.

Sunhee
그뤠이트. 캔 유 쎈드 미 어 텍스트?
Great. ❶Can you send me a ❷text?

Jiho
슈얼! 아이 윌 텍스트 유 나우.
Sure! I will text you now.

Sunhee
아이 룩 포월드 투 씨잉 유.
I look forward to seeing you.

Tip

❶ **Can you ~?**
'~해 줄 수 있으세요?'라는 의미로 상대방에게 어떤 행동을 요청하거나 부탁할 때 사용하며, 친근하면서도 정중한 느낌을 주는 표현입니다.

❷ **text**
text는 '문자'라는 명사적 의미와 '문자를 보내다'라는 동사적 의미를 모두 나타낼 수 있습니다.

역할 교체 연습   Jiho ☐   Sunhee ☐

지호   당신을 저녁 식사에 초대하고 싶어요.

선희   좋아요. 저에게 문자를 보내 주실 수 있으세요?

지호   그럼요! 지금 보내 드릴게요.

선희   당신을 보는 것이 기대돼요.

원트 투 **want to** ~하고 싶다	캔 **can** 할 수 있다	슈얼 **sure** 그럼요
인바이트 투 **invite to** ~에 초대하다	쎈드 **send** 보내다	윌 **will** ~할/일 것이다
디널 **dinner** 저녁 식사	미 **me** 나에게, 나를	룩 포월드 투 **look forward to** ~을 기대하다
그뤠이트 **great** 좋다, 훌륭하다	텍스트 **text** 문자(를 보내다)	

문법 PLUS

영어에서 '의지'나 '바람'을 나타낼 때 어떤 경우에는 동사 want를 사용하고, 또 어떤 경우에는 뒤에 to 를 붙여 'want to'의 형태를 사용하기도 합니다. 이 두 가지 형태는 어떤 차이가 있을까요?

먼저, 'want'는 '~을 원하다'라는 뜻으로 주로 뒤에 명사가 옵니다.

아이 원트 핏짜.

예 I want pizza. 저는 피자를 원해요.

반면, 'want to'는 '~하기를 원하다'라는 의미로, 뒤에 반드시 동사 원형이 와야 합니다. 또한, 'want to'는 일상 회화에서 'wanna'라는 표현으로 부드럽게 바꿔 말할 수도 있습니다.

아이 원 투 잍 핏짜.

예 I want to eat pizza. 저는 피자 먹기를 원해요.

아이 워너 잍 핏짜.

I wanna eat pizza. 저는 피자 먹기를 원해요.

01 우리말 뜻과 알맞은 영어 단어를 이어 보세요.

❶ 전화기   •   • out   ❺ 그럼요   •   • me

❷ 나중에   •   • phone   ❻ 문자   •   • sure

❸ 밖   •   • want to   ❼ 나에게   •   • dinner

❹ ~하고 싶다   •   • later   ❽ 저녁 식사   •   • text

02 녹음을 듣고 대화문의 괄호에 들어갈 단어를 써 보세요.

Dialogue 1 🔊 MP3 04-09

A (❶   )? This is Sooji's phone.

B Hello. May I speak to Sooji, (❷   )?

A She is out (❸   ) now.

B Okay. I will (❹   ) back later.

Dialogue 2 🔊 MP3 04-10

A I want to (❺   ) you to dinner.

B (❻   ). Can you send me a text?

A Sure! I will (❼   ) you now.

B I look forward to (❽   ) you.

03 빈칸에 알맞은 단어를 넣어 문장을 완성해 보세요.

❶ _____ is Sooji's phone. 수지의 전화입니다.

❷ May I _____ to Sooji, please? 수지와 통화할 수 있을까요?

❸ _____ you send me a text? 저에게 문자를 보내 주실 수 있으세요?

❹ I look _____ to seeing you. 당신을 보는(만나는) 게 기대돼요.

04 단어를 선택하여 문장을 완성하고 바르게 써 보세요.

May I + come in / help you / use your pen / speak to Jiho ?

❶ 제가 당신을 도와 드려도 될까요?

_____

_____

❷ 제가 당신의 펜을 써도 될까요?

_____

_____

I look forward to + seeing you / meeting you / learning English / eating that food .

❸ 저는 영어를 배우는 게 기대돼요.

_____

_____

❹ 저는 그 음식을 먹는 게 기대돼요.

_____

_____

ring이 반지가 아니라고요?

전화와 관련된 표현 중에 'give someone a ring' 이라는 표현이 있습니다. 여기서 ring은 우리가 흔히 생각하는 '반지'가 아니라 '전화'라는 뜻으로 사용되는데요. 이와 관련된 재미있는 해프닝을 하나 알려 드리겠습니다.

한 사람이 영어권 국가로 온지 오래 되지 않았을 때의 일입니다. 어느 날 친구에게서 다음과 같은 말을 듣게 되었습니다.
"I will give you a ring!" 나는 너에게 반지를 줄거야.

그 사람은 이 말을 듣고서 깜짝 놀랐습니다. 그러고는 갑작스러운 반지 선물 고백에 당황한 표정으로 되물었죠.
"Are you really going to give me a ring?" 정말 나에게 반지를 주려는 거야?

상황을 눈치챈 친구는 재빨리 ring이 '전화하다'라는 의미가 있다는 것을 설명했고, 두 사람은 오해가 풀리자 서로 웃음을 터뜨렸다고 합니다.

이 이야기는 간단한 표현 하나가 문화와 언어 차이로 인해 얼마나 재미있는 오해를 낳을 수 있는지를 보여 줍니다. 영어권에서 'give you a ring'은 '너에게 전화를 하다'라는 뜻의 자연스러운 표현이지만, 한국에서는 문자 그대로의 의미로 해석될 수 있으니까요! 처음부터 영어 단어의 숨겨진 의미들을 모두 알 수는 없지만, 꾸준히 노력하다 보면 언젠가는 자연스럽게 영어 표현의 뉘앙스를 이해하고 사용할 수 있게 될 거예요.

05

시간과 장소

약속을 잡으려면 날짜와 요일을 말할 수 있어야 하겠죠?
정해진 시간과 장소에 대해 묻고 답해 보세요.

주요 패턴

Pattern A

It is [   ].

~요일이에요. / ~월 ~일이에요.

Pattern B

It is at [   ].

(모임 시간은/장소는) ~이에요.

~요일이에요. / ~월 ~일이에요.

잇 이즈
It is ⬚.

말하기 패턴 이해하기

영어에서 요일과 날짜는 'It is ~.' 구문으로 말할 수 있습니다.

잇 이즈 웬즈데이
It is Wednesday. / It is March 1st.
잇 이즈 말치 펄스트

➡ 화요일이에요.　　　　➡ 3월 1일이에요.

1월	January 제뉴어리	2월	February 페브어리	3월	March 말치	4월	April 에이프릴
5월	May 메이	6월	June 준	7월	July 줄라이	8월	August 어거스트
9월	September 쎕템벌	10월	October 악토벌	11월	November 노벰벌	12월	December 디쎔벌

*달(month)의 첫 글자는 대문자로 표기합니다.

표현 늘리기

🔊 MP3 05-01

단어를 익힌 후 패턴 공식에 넣어 다양한 문장들을 말해 보세요.

프라이데이
Friday 금요일

🔊 It is ▭. 금요일이에요.

썬데이
Sunday 일요일

🔊 It is ▭. 일요일이에요.

메이 쎄컨드
May 2nd 5월 2일

🔊 It is ▭. 5월 2일이에요.

줄라이 떨드
July 3rd 7월 3일

🔊 It is ▭. 7월 3일이에요.

◁)) **MP3** 05 - 02

바로 듣기 QR

❶ It is Friday.

❷ It is Sunday.

❸ It is May 2nd.

❹ It is July 3rd.

1초만에 해석하기

❶ It is Friday. ➡

❷ It is Sunday. ➡

❸ It is May 2nd. ➡

❹ It is July 3rd. ➡

바르게 따라 쓰기

It is Friday.

It is Sunday.

It is May 2nd.

It is July 3rd.

실전 회화

Dialogue 1 요일과 날짜를 묻고 답할 수 있어요.

🔊 **MP3** 05-03

Jiho
하이. 왓 데이 이즈 잇 투데이?
Hi. What day is it today?

Sunhee
잇 이즈 웬즈데이.
It is ❶Wednesday.

Jiho
왓 이즈 더 데이트?
What is the date?

Sunhee
잇 이즈 말치 펄스트.
It is March ❷1st.

Tip

❶ Wednesday (요일의 첫 글자는 대문자로 표기합니다.)
월요일: Monday (먼데이)
화요일: Tuesday (튜즈데이)
수요일: Wednesday (웬즈데이)
목요일: Thursday (떨즈데이)
금요일: Friday (프라이데이)
토요일: Saturday (세러데이)
일요일: Sunday (썬데이)

❷ 1st
서수 1은 1st로 표기하고 first(펄스트)와 같이 읽습니다.

역할 교체 연습 Jiho ☐ Sunhee ☐

지호   안녕하세요, 오늘이 무슨 요일이지요?

선희   수요일이에요.

지호   날짜는 며칠인가요?

선희   3월 1일이에요.

MP3 05-04

하이 hi 안녕(하세요)	잇 it 그것	데이트 date 날짜
왓 what 무엇	투데이 today 오늘	말치 March 3월
데이 day 날, 일	웬즈데이 Wednesday 화요일	펄스트 1st(first) 첫 번째
이즈 is ~이다	더 the 그(앞서 언급된 대상)	

문법 PLUS

서수란 우리말 '첫 번째', '두 번째'처럼 '순서를 나타내는 수'를 말합니다. 영어에서 날짜를 말할 때 사용하는 서수에는 어떤 규칙이 있는 알아봅시다.

· 1, 2, 3은 아래와 같이 말합니다.

펄스트
1 → first(1st)

세컨드
2 → second(2nd)

떨드
3 → third(3rd)

· 4 이상은 끝에 '-th'를 붙여 말하는데, 5(five), 8(eight), 9(nine)은 끝에 철자를 바꿔 말합니다.

피프쓰
5 → fifth(5th)

에잇쓰
8 → eighth(8th)

나인쓰
9 → ninth(9th)

· 11, 12, 13은 10뒤에 1, 2, 3을 붙여 말하는 것이 아니라, 기본 단어 뒤에 th를 붙입니다.
이때 12(twelve)는 끝에 철자를 바꿔 말합니다.

일레븐쓰
11 → eleventh(11th)

트웰프쓰
12 → twelfth(12th)

썰틴쓰
13 → thirteenth(13th)

(모임 시간은/장소는) ~이에요.

잇 이즈 엣
It is at ⬜.

말하기 패턴 이해하기

'It is' 뒤에 'at+시각/장소'를 추가하면 구체적인 시간과 장소를 가리키는 표현이 됩니다. at은 '~에' 또는 '~에서'라는 뜻을 나타내는 전치사입니다. 특정 시간이나 장소를 정확하게 지칭할 때 사용하며 주로 Be 동사 바로 뒤에 위치합니다.

잇 이즈 엣 투 피엠
It is at 2:00 PM. ➡ (모임 시간은) 오후 2시예요.

잇 이즈 엣 스탈벅스
It is at Starbucks. ➡ (모임 장소는) 스타벅스예요.

누군가 정해진 약속 장소나 시간 등을 묻는다면 해당 구문을 활용해서 대답해 보세요.

표현 늘리기

🔊 **MP3** 05-05

단어를 익힌 후 패턴 공식에 넣어 다양한 문장들을 말해 보세요.

에잇 텐 에이엠
8:10 AM 오전 8시 10분

📢 It is at ⬜.
(모임 시간은) 오전 8시 10분이에요.

뜨리 투웬티 피엠
3:20 PM 오후 3시 20분

📢 It is at ⬜.
(모임 시간은) 오후 3시 20분이에요.

캐페이
cafe 커피숍

📢 It is at the ⬜.
(모임 장소는) 그 커피숍이에요.

에얼폴트
airport 공항

📢 It is at the ⬜.
(모임 장소는) 그 공항이에요.

바로 듣기 QR

❶ It is at 8:10 AM.

❷ It is at 3:20 PM.

❸ It is at the cafe.

❹ It is at the airport.

1초만에 해석하기

❶ It is at 8:10 AM. ➡

❷ It is at 3:20 PM. ➡

❸ It is at the cafe. ➡

❹ It is at the airport. ➡

바르게 따라 쓰기

It is at 8:10 AM.

It is at 3:20 PM.

It is at the cafe.

It is at the airport.

Dialogue 2 모임 시간과 장소를 묻고 답할 수 있어요.

🔊 **MP3** 05-07

Sunhee
웬 이즈 아월 밑잉 투마로?
❶When is our meeting tomorrow?

Jiho
잇 이즈 엣 투 피엠.
It is at 2:00 ❷PM.

Sunhee
웨얼 이즈 잇?
Where is it?

2:00 PM

Jiho
잇 이즈 엣 스탈벅스.
It is at Starbucks.

Tip

❶ when

when은 시간을 묻는 의문사로 구체적인 시각이나 특정 날짜를 물어볼 때 사용합니다.

예 When is your birthday? 당신의 생일은 언제인가요?

❷ PM

PM은 'Post Meridiem'이라는 라틴어의 약자로 '오후'를 의미합니다. PM의 반대말로 AM이 있는데, AM은 'Ante Meridiem'의 약자로 '오전'을 의미합니다.

역할 교체 연습 Sunhee ☐ Jiho ☐

선희   내일 우리 모임이 언제인가요?

지호   오후 2시예요.

선희   장소가 어디인가요?

지호   스타벅스예요.

웬 when 언제	투마로 tomorrow 내일	피엠 PM 오후
아월 our 우리의	엣 at ~에	웨얼 where 어디
밑잉 meeting 모임, 회의	투 two 2, 둘	스탈벅스 Starbucks 스타벅스

문법 PLUS

영어에서 '~에', '~에서'의 뜻으로 시간과 장소를 모두 나타내는 단어는 크게 두 가지가 있습니다. 바로 at과 in인데요, 이 두 단어는 우리말로 비슷하게 해석되지만, 실제로 나타내는 의미가 다릅니다.

1. ~에(시간)

시간을 나타낼 때 at은 '특정 순간'을 나타내지만, in은 '일정한 기간 안'을 나타냅니다.

전치사	의미	예문
at	특정 순간	엣 텐 에이엠 at 10:00 AM 10시에
in	일정 기간 안	인 더 모닝 in the morning 아침에

2. ~에서(장소)

장소를 나타낼 때 at은 '정확한 특정 지점'을 나타내지만, in은 '공간의 안쪽'을 나타냅니다.

전치사	의미	예문
at	특정한 지점	아임 엣 더 버스 스탑. I'm at the bus stop. 저는 버스정류장에 있어요.
in	어떤 공간 안	아임 인 더 칼. I'm in the car. 저는 차 안에 있어요.

01 우리말 뜻과 알맞은 영어 단어를 이어 보세요.

❶ 첫 번째 •   • date   ❺ 2, 둘 •   • cafe

❷ 무엇 •   • what   ❻ 커피숍 •   • two

❸ 날짜 •   • hi   ❼ 언제 •   • at

❹ 안녕(하세요) • • 1st(first) ❽ ~에 •   • when

02 녹음을 듣고 대화문의 괄호에 들어갈 단어를 써 보세요.

Dialogue 1   🔊 **MP3** 05-09

A Hi. What (❶   ) is it today?

B It is (❷   ).

A (❸   ) is the date?

B It is (❹   ) 1st.

Dialogue 2   🔊 **MP3** 05-10

A When is our (❺   ) tomorrow?

B It is at 2:00 (❻   ).

A (❼   ) is it?

B It is (❽   ) Starbucks.

03 빈칸에 알맞은 단어를 넣어 문장을 완성해 보세요

❶ What day is it _____? 오늘이 무슨 요일이지요?

❷ It is March _____. 3월 1일이에요.

❸ When is our meeting _____? 내일 우리 모임이 언제인가요?

❹ _____ is at Starbucks. (모임 장소는) 스타벅스예요.

04 단어를 선택하여 문장을 완성하고 바르게 써 보세요.

| It is | + | Friday / Sunday / May 2nd / July 3rd | . |

❶ 일요일이에요.

_____

_____

❷ 5월 2일이에요.

_____

_____

| It is | + | at | + | 8:10 AM / 3:20 PM / the cafe / the airport | . |

❸ (모임 시간은) 오후 3시 20분이에요.

_____

_____

❹ (모임 장소는) 그 커피숍이에요.

_____

_____

'노트북'이 공책이 아니라고요?

한국에서는 휴대용 컴퓨터를 가리킬 때 '노트북'이라는 단어를 사용합니다. 반면, 영어권에서는 'laptop(랩탑)'이라는 표현이 일반적입니다. 이와 관련된 재미있는 해프닝을 하나 알려 드리겠습니다.

어느 IT 회사에서 있었던 일입니다. 유럽 고객사와 중요한 회의를 진행하게 되어 담당자들이 한국을 방문하였습니다. 미팅 전날 한국인 기술 팀장은 회의에 참석하는 모든 이들에게 이메일로 다음과 같이 안내했습니다.
"Please bring your notebook to the meeting." 미팅 때 노트북을 가지고 오세요.

미팅 당일 한국인 기술 팀장은 당황했습니다. 한국 팀원들은 노트북, 즉 laptop을 준비했지만, 유럽 고객사 직원들은 notebook이라는 단어를 보고 공책을 챙겨 왔기 때문입니다. 회의 도중 유럽 고객이 "왜 공책을 가지고 오라고 하셨죠?"라고 묻자, 팀장은 미안한 마음으로 다음과 같이 설명했습니다.

"죄송합니다. 한국에서는 노트북을 laptop과 같은 의미로 사용합니다. 미팅 시 laptop을 가지고 오시라고 안내한 것이었습니다. "

팀장의 설명에 유럽 고객도 웃으며 대답했습니다.
"I see. That is interesting!" 그렇군요. 흥미롭네요!

이처럼 문화와 언어의 차이로 인해 익숙한 단어가 다르게 해석될 때 웃음과 함께 소중한 배움의 기회가 생깁니다. 작은 오해도 서로의 문화를 이해하는 계기가 될 수 있다는 점, 기억해두시면 좋겠습니다.

06

대중교통

영어권에서 대중교통을 이용할 때 어떤 표현들이 필요할까요?
버스나 택시를 탈 때 쓰는 표현들을 익히고, 직접 물어보는 연습을 해 보세요.

주요 패턴

Pattern **A**

How often do/does ☐ ?

얼마나 자주 ~하나요?

Pattern **B**

Do you know how to ☐ ?

어떻게 ~하는지 아세요?

얼마나 자주 ~하나요?

_{하우} _{오픈} _두 _{더즈}
How often do/does [ ]?

말하기 패턴 이해하기

how는 '어떻게' 또는 '어떤 방식으로'라는 뜻을 가진 의문사이고, often은 '자주'라는 뜻의 빈도를 나타내는 부사입니다. 'How often do/does ~?' 구문으로 어떤 일이 얼마나 빈번하게 일어나는지 물어볼 수 있습니다.

_{하우} _{오픈} _{더즈} _잇 _컴
How often does it come?

➡ 얼마나 자주 오나요?

'How often do/does ~?' 구문의 do나 does는 주어 앞에 쓰여 의문문 또는 부정문을 만들거나 강조를 나타내는 역할을 합니다.

표현 늘리기

🔊 **MP3** 06-01

단어를 익힌 후 패턴 공식에 넣어 다양한 문장들을 말해 보세요.

_{엑설싸이즈} **exercise** 운동하다	_{드링크 커피} **drink coffee** 커피를 마시다
📢 How often do you [ ]? 얼마나 자주 운동을 하세요?	📢 How often do you [ ]? 얼마나 자주 커피를 드세요?
_{스노우} **snow** 눈이 내리다	_{해픈} **happen** 일어나다, 발생하다
📢 How often does it [ ]? 얼마나 자주 눈이 내리나요?	📢 How often does it [ ]? 얼마나 자주 발생하나요?

바로 듣기 QR

❶ How often do you exercise?

❷ How often do you drink coffee?

❸ How often does it snow?

❹ How often does it happen?

1초만에 해석하기

❶ How often do you exercise? ➡

❷ How often do you drink coffee? ➡

❸ How often does it snow? ➡

❹ How often does it happen? ➡

바르게 따라 쓰기

How often do you exercise?

How often do you drink coffee?

How often does it snow?

How often does it happen?

Dialogue 1 버스 타는 방법을 물어볼 수 있어요.

🔊 MP3 06-03

Sunhee
익스큐즈미. 하우 두 아이 겟 투 디 에얼폴트?
❶Excuse me. How do I get to the airport?

passerby
유 캔 테익 버스 넘벌 쎄븐 프럼 히얼.
You can take bus number 7 from here.

Sunhee
하우 오픈 더즈 잇 컴?
How often does it come?

passerby
에브리 피프틴 미닛츠.
❷Every 15 minutes.

Tip

❶ Excuse me.

'Excuse me.'는 우리말 '실례합니다.'의 뉘앙스를 나타냅니다. 길을 물을 때뿐만 아니라, 누군가를 부를 때, 다시 말해 달라고 할 때, 길을 지나가야 할 때 등등 다양한 경우에 사용될 수 있습니다.

❷ every

every는 시간을 나타내는 말 앞에 쓰여 '매', '~마다'라는 의미로, 어떤 이벤트나 행동이 정해진 간격으로 반복되어 일어남을 나타냅니다.

역할 교체 연습 Sunhee ☐ passerby ☐

선희 실례합니다. 공항은 어떻게 가야 하나요?

행인 여기에서 7번 버스를 타면 됩니다.

선희 얼마나 자주 오나요?

행인 매 15분마다 와요.

익스큐즈 excuse 실례하다	넘벌 number 숫자	컴 come 오다
겟 투 get to ~에 도착하다	세븐 seven 7, 일곱	에브리 every 매, ~마다
테이크 take (교통수단을) 타다	히얼 here 여기에(서)	피프틴 fifteen 15, 열 다섯
버스 bus 버스	오픈 often 종종, 자주	미닛 minute 분(시간)

문법 PLUS

의문을 나타내는 do와 does는 주어의 인칭에 따라 구분하여 사용해야 합니다.

· **do를 사용하는 경우**

주어가 1인칭(I, we), 2인칭(you), 3인칭 복수(they)인 경우 do를 사용합니다.

하우 오픈 두 유 엑설싸이즈?

예 How often do you exercise? 당신은 얼마나 자주 운동을 하나요?

하우 오픈 두 데이 드링크 커피?

How often do they drink coffee? 그들은 얼마나 자주 커피를 마시나요?

· **does를 사용하는 경우**

주어가 3인칭 단수(he, she, it 등)인 경우 does를 사용합니다.

하우 오픈 더즈 쉬 엑설싸이즈?

예 How often does she exercise? 그녀는 얼마나 자주 운동을 하나요?

하우 오픈 더즈 더 버스 컴?

How often does the bus come? 그 버스는 얼마나 자주 오나요?

어떻게 ~하는지 아세요?

두 유 노우 하우 투
Do you know how to [   ]?

말하기 패턴 이해하기

상대에게 어떤 방법에 대해 묻고 싶을 때 'Do you know how to ~?' 구문을 활용할 수 있습니다.
'어떻게 ~하다'라는 뜻의 'how to ~'는 방법을 구체적으로 묻거나 설명할 때 적합한 표현으로, 뒤에는 항상 동사의 기본형이 옵니다.

두 유 노우 하우 투 겟 어 택시
Do you know how to get a taxi?

➡ 어떻게 택시를 타는지 아세요?

위 예문의 'how to get a taxi'는 '택시 타는 방법'을 의미하며, 즉 어떻게 택시를 타는지에 대한 질문을 나타냅니다.

표현 늘리기

🔊 MP3 06-05

단어를 익힌 후 패턴 공식에 넣어 다양한 문장들을 말해 보세요.

쿡
cook 요리하다

📣 Do you know how to [   ]?
어떻게 요리하는지 아세요?

드라이브
drive 운전하다

📣 Do you know how to [   ]?
어떻게 운전하는지 아세요?

스윔
swim 수영하다

📣 Do you know how to [   ]?
어떻게 수영하는지 아세요?

댄스
dance 춤추다

📣 Do you know how to [   ]?
어떻게 춤추는지 아세요?

🔊 **MP3 06-06**

바로 듣기 QR

❶ Do you know how to cook?

❷ Do you know how to drive?

❸ Do you know how to swim?

❹ Do you know how to dance?

1초만에 해석하기

❶ Do you know how to cook? ➡

❷ Do you know how to drive? ➡

❸ Do you know how to swim? ➡

❹ Do you know how to dance? ➡

바르게 따라 쓰기

Do you know how to cook?

Do you know how to drive?

Do you know how to swim?

Do you know how to dance?

Dialogue 2 택시 타는 방법을 물어볼 수 있어요.

🔊 MP3 06-07

Jiho
두 유 노우 하우 투 겟 어 택시?
Do you know how to get a taxi?

passerby
쏘리. 아임 비짙잉, 투우. 아이 돈트 노우.
Sorry. I'm visiting, too. I don't know.

Jiho
오, 땡큐 애니웨이.
Oh, thank you ❶anyway.

passerby
노 프라블럼.
❷No problem.

Tip

❶ anyway

anyway는 '그래도', '어쨌든'의 의미로, 원하는 도움을 받지 못했거나 기대한 결과가 아니더라도 감사를 표현할 때 붙여 씁니다.

❷ No problem.

해당 표현은 상대가 감사 인사를 했을 때 사용할 수 있는 대답입니다. '괜찮아', '별거 아니야' 등의 의미를 나타내며, 'You're welcome.'으로 바꿔 말할 수도 있습니다.

역할 교체 연습　Jiho ☐　passerby ☐

지호　어떻게 택시를 타는지 아세요?

행인　죄송해요. 저도 방문 중이에요. 잘 모르겠습니다.

지호　아, 어쨌든 감사합니다.

행인　괜찮아요.

단어 PLUS

노우 **know** 알다	쏘리 **sorry** 미안하다	땡크 **thank** 감사하다
겟 **get** (탈것을) 타다	비짙 **visit** 방문하다	애니웨이 **anyway** 어쨌든
택시 **taxi** 택시	돈트 **don't** ~하지 않다	프라블럼 **problem** 문제

문법 PLUS

영어에서 do나 does가 쓰인 문장의 부정형은 각각 do not 그리고 does not으로 표현합니다.
주의할 점은 주어의 인칭에 따라 do not과 does not을 구분해서 사용해야 합니다.

주어	1인칭(I, we), 2인칭(you), 3인칭 복수(they)	3인칭 단수(he, she, it)
기본형	do not	does not
축약형	don't	doesn't

아이 돈트 라잌 커피.
예 I don't like coffee. 저는 커피를 좋아하지 않아요.

쉬 더즌트 라잌 커피.
She doesn't like coffee. 그녀는 커피를 좋아하지 않아요.

주의 부정을 나타내는 do not(=don't)과 does not(=doesn't) 뒤에는 항상 동사 원형이 와야 합니다.

쉬 더즌트 라잌스 커피.
예 She doesn't likes coffee. (×)

확인 연습

01 우리말 뜻과 알맞은 영어 단어를 이어 보세요.

❶ 발생하다 •   • here   ❺ 택시 •   • know

❷ 오다 •   • happen   ❻ 알다 •   • taxi

❸ 여기에(서) •   • number   ❼ 수영하다 •   • swim

❹ 숫자 •   • come   ❽ 방문하다 •   • visit

02 녹음을 듣고 대화문의 괄호에 들어갈 단어를 써 보세요.

Dialogue **1**	🔊 **MP3** 06-09

A (❶   ) me. How do I get to the airport?

B You can (❷   ) bus number 7 from here.

A How (❸   ) does it come?

B (❹   ) 15 minutes.

Dialogue **2**	🔊 **MP3** 06-10

A Do you know how to (❺   ) a taxi?

B Sorry. I'm visiting, too. I (❻   ) know.

A Oh, thank you (❼   ).

B No (❽   ).

03 빈칸에 알맞은 단어를 넣어 문장을 완성해 보세요

❶ How do I _____ the airport? 공항은 어떻게 가야 하나요?

❷ How often _____ it come? 얼마나 자주 오나요?

❸ _____. I'm visiting, too. 죄송해요. 저도 방문 중이에요.

❹ Oh, _____ you anyway. 아, 어쨌든 감사합니다.

04 단어를 선택하여 문장을 완성하고 바르게 써 보세요.

| How often | + | do you / does it | + | exercise / drink coffee / snow / happen | ? |

❶ 얼마나 자주 운동을 하세요?

_____

_____

❷ 얼마나 자주 눈이 내리나요?

_____

_____

| Do you know how to | + | cook / drive / swim / dance | ? |

❸ 어떻게 요리하는지 아세요?

_____

_____

❹ 어떻게 춤추는지 아세요?

_____

_____

생활 속 영어 상식

반대 의미를 나타내는 접두사 'un-'

우리말에서 단어의 앞에 '불'자를 붙이면 반대의 의미를 나타내는 경우가 있습니다. 예를 들어 '완전하다'와 '불완전하다', '가능하다'와 '불가능하다' 등이 그러하죠.

영어에서도 이와 비슷하게 단어 앞에 'un-'을 붙이면 반대 의미를 나타내게 됩니다. 우리 주변에서 자주 사용하는 몇 가지 예시를 통해 'un-'의 쓰임을 알아봅시다.

타이　언타이
1. tie → untie
tie는 '묶다'라는 뜻입니다. untie는 '묶은 것을 풀다'라는 의미로, 신발끈이나 넥타이 등을 풀 때 사용합니다.

폴드　언폴드
2. fold → unfold
fold는 '접다'라는 뜻이고, unfold는 '펴다'라는 의미로, 종이나 옷을 펼 때 사용됩니다.

로드　언로드
3. load → unload
load는 '짐을 싣다', '짐을 실어 올리다'라는 뜻이고, load에 'un-'을 붙인 unload는 '짐을 내리다'라는 의미로 사용됩니다.

팩　언팩
4. pack → unpack
pack은 '짐을 싸다'라는 뜻이며, unpack은 '짐을 풀다'라는 의미로, 여행 후 짐을 정리할 때 사용됩니다.

이처럼 영어에서도 'un-'이라는 접두사를 사용하면, 쉽게 반대말을 만들 수 있습니다. 일상 대화나 여행 등 다양한 상황에서 이러한 표현들을 활용해 보세요. 작은 접두사가 주는 변화가 여러분의 영어 표현을 한층 더 풍부하게 만들어 줄 것입니다!

CHAPTER

07
쇼핑

쇼핑할 때 원하는 물건을 정확히 구매하려면 어떤 말을 해야 할까요?
물건 찾기, 할인 상품 확인하기, 계산하기 등 다양한 표현을 익혀 보세요.

주요 패턴

Pattern A

Can I [　　　]?

제가 ~해도 될까요?

Pattern B

I need (to) [　　　].

저는 ~이 필요해요. / 저는 ~을 해야 해요.

제가 ~해도 될까요?

^캔 ^{아이}
Can I [　　　]?

말하기 패턴 이해하기

'Can I ~?'는 '제가 ~해도 될까요?'라는 의미로 상대에게 어떤 행동을 해도 되는지 물어볼 때 사용하는 표현입니다. 주로 허락을 구하거나 요청할 때 많이 사용합니다.

^캔 ^{아이} ^{페이} ^{바이} ^{칼드}
Can I pay by card?

➡ 제가 카드로 지불해도 될까요?

앞서 배운 'May I ~?' 구문이 예의 바르고 격식을 차린 표현이라면, 'Can I ~?' 구문은 좀 더 캐주얼하고 일상적인 표현입니다. 상황에 따라 더 어울리는 표현을 선택해서 활용해 보세요.

표현 늘리기

🔊 **MP3** 07-01

단어를 익힌 후 패턴 공식에 넣어 다양한 문장들을 말해 보세요.

고 **go** 가다	시트 **sit** 앉다
📣 Can I [　　]? 제가 가도 될까요?	📣 Can I [　　]? 제가 앉아도 될까요?
트라이 **try** 시도하다	스테이 **stay** 머물다
📣 Can I [　　]? 제가 시도해 봐도 될까요?	📣 Can I [　　]? 제가 머물러도 될까요?

바로 듣기 QR

❶ Can I go?

❷ Can I sit?

❸ Can I try?

❹ Can I stay?

1초만에 해석하기

❶ Can I go? ➡

❷ Can I sit? ➡

❸ Can I try? ➡

❹ Can I stay? ➡

바르게 따라 쓰기

Can I go?

Can I sit?

Can I try?

Can I stay?

실전 회화

Dialogue 1 할인 상품을 물어보고 카드로 계산할 수 있어요. 🔊 **MP3** 07-03

Jiho
익스큐즈 미. 이즈 디스 온 쎄일?
Excuse me. Is this ❶on sale?

store clerk
예스, 잇 이즈 투웬티 펄센트 오프.
Yes, it is ❷20% off.

Jiho
오, 어썸! 캔 아이 페이 바이 칼드?
Oh, ❸awesome! Can I pay by card?

store clerk
옵 콜스!
Of course!

Tip

❶ on sale

'on sale'은 상품이 '할인 중'이라는 뜻입니다. 비슷한 표현으로 'for sale'이 있는데
이는 '판매 중'임을 나타내므로, sale만 보고 할인을 생각하시면 안 됩니다.

❷ 20% off

%는 percent(펄센트)라고 읽으며, off는 앞에 언급한 %만큼 가격이 내렸음을
나타냅니다.

❸ Awesome!

'awesome'은 '매우 좋은', '아주 멋진' 등의 의미를 나타내며, 일상 회화에서
긍정적인 감탄 표현으로 자주 쓰입니다.

역할 교체 연습 Jiho ☐ store clerk ☐

지호   실례합니다, 이거 할인 중인가요?

상점 직원   네, 20% 할인하고 있어요.

지호   아, 좋네요! 카드로 지불해도 될까요?

상점 직원   물론이죠!

🔊 **MP3 07-04**

디스 **this** 이, 이것	펄센트 **percent** 백분율 단위	페이 **pay** 지불하다
온 쎄일 **on sale** 할인하다	오프 **off** (값이) 내리다	바이 **by** ~으로
예스 **yes** 응, 네	어썸 **awesome** 매우 좋은	칼드 **card** 카드(신용, 체크)
투웬티 **twenty** 20, 스물	캔 **can** 할 수 있다	옵 콜스 **of course** 물론이다

문법 PLUS

Be 동사 의문문은 주어의 상태, 존재, 신분 등을 묻는 질문을 만들 때 사용됩니다.
일반 동사의 문장이 의문문으로 바뀔 때는 문장 앞에 Do나 Does가 와야 하지만, Be 동사를 포함한
문장은 단순히 Be 동사를 문장의 맨 앞으로 이동시키면 의문문이 됩니다.

디스 이즈 온 쎄일.
예 **This is on sale.** 이것은 할인 중입니다.

이즈 디스 온 쎄일?
Is this on sale? 이것은 할인 중인가요?

Be 동사 의문문의 대답 형태는 다음과 같습니다.

긍정 대답: Yes, 주어 + Be 동사	부정 대답: No, 주어 + Be 동사 부정형
예스, 잇 이즈. 예 Yes, it is. 네, 그렇습니다.	노, 잇 이즌트. 예 No, it isn't. 아니요, 그렇지 않습니다.

저는 ~이 필요해요. / 저는 ~을 해야 해요.

아이　니드　투
I need (to) ⬚.

말하기 패턴 이해하기

'I need ~.' 구문은 'I need + 명사'와 'I need to + 동사' 두 가지 형태로 나뉩니다. 'I need + 명사'는 '~이 필요하다'라는 뜻으로 내가 원하는 것이나 필요한 것을 말할 때 사용하며, 'I need to + 동사'는 '~을 해야 한다'라는 뜻으로 내가 해야 할 일을 표현할 때 사용합니다.

아이　니드　어　스몰럴　싸이즈
I need a smaller size. ➡ 저는 더 작은 것이 필요해요.

아이　니드　투　엑설싸이즈
I need to exercise. ➡ 저는 운동을 해야 해요.

표현 늘리기

🔊 MP3 07-05

단어를 익힌 후 패턴 공식에 넣어 다양한 문장들을 말해 보세요.

머니 **money** 돈	브레이크 **break** 휴식
🔊 I need ▨. 저는 돈이 필요해요.	🔊 I need a ▨. 저는 휴식이 필요해요.
슬립 **sleep** 잠을 자다	월크 **work** 일하다
🔊 I need to ▨. 저는 잠을 자야 해요.	🔊 I need to ▨. 저는 일을 해야 해요.

바로 듣기 QR

❶ I need money.

❷ I need a break.

❸ I need to sleep.

❹ I need to work.

1초만에 해석하기

❶ I need money. ➡

❷ I need a break. ➡

❸ I need to sleep. ➡

❹ I need to work. ➡

바르게 따라 쓰기

I need money.

I need a break.

I need to sleep.

I need to work.

실전 회화

Dialogue 2 직원에게 다른 사이즈를 요청할 수 있어요.

🔊 MP3 07-07

store clerk
캔 아이 헬프 유?
Can I help you?

Sunhee
예스, 아이 니드 어 스몰럴 싸이즈, 플리즈.
Yes, I need a smaller size, ❶please.

store clerk
슈얼! 렛 미 겟 댓 폴 유.
Sure! ❷Let me get that for you.

Sunhee
땡큐 베리 머치!
Thank you very much!

Tip

❶ please

please를 문장의 시작이나 끝에 붙이면 상대에게 요청이나 명령을 정중하게 전달할 수 있습니다.

❷ Let me get that for you.

'let me~'는 '제가 ~하게 해 주세요.'라는 뜻을 나타내며, 전체 문장을 자연스럽게 해석하면 '제가 그것을 가져다 드릴게요.'라는 의미가 됩니다. 이 문장은 가게 직원이 손님에게 물건을 가져다줄 때 많이 사용됩니다.

역할 교체 연습 store clerk ☐ Sunhee ☐

상점 직원	도와 드려도 될까요?
선희	네, 저는 더 작은 사이즈가 필요해요.
상점 직원	알겠습니다! 제가 가져다 드릴게요.
선희	정말 감사해요.

헬프 help 돕다	플리즈 please 부디, 제발	폴 for ~을 위해
니드 need 필요하다, 해야 한다	렛 let ~하게 하다	베리 very 정말, 매우
스몰럴 smaller 더 작은	겟 get 얻다, 구하다	머치 much 매우, 대단히
싸이즈 size 크기	댓 that 그, 그것	

문법 PLUS

'비교급'은 두 가지를 비교할 때 사용하는 형용사나 부사의 특별한 형태로, '더 ~하다'라는 의미를 나타냅니다. 영어의 비교급이 어떤 형식으로 표현되는지 간단히 살펴 봅시다.

• 짧은 단어는 뒤에 보통 '-er'을 붙입니다.

　　패스트　　　　패스털
　⑩ fast(빠른) → faster(더 빠른)

• 두 음절 이상의 긴 단어는 앞에 'more'을 씁니다.

　　익스펜씨브　　　　　모얼 익스펜씨브
　⑩ expensive(비싼) → more expensive(더 비싼)

• 일부 단어는 불규칙적인 형태를 가집니다.

　　굳　　　　배럴　　　　　　　　배드　　　월스
　⑩ good(좋은) → better(더 좋은)　　bad(나쁜) → worse(더 나쁜)

01 우리말 뜻과 알맞은 영어 단어를 이어 보세요.

❶ 매우 좋은 •   • percent   ❺ 크기 •   • that

❷ ~으로 •   • awesome   ❻ 일하다 •   • size

❸ 백분율 단위 •   • by   ❼ 그, 그것 •   • very

❹ 카드 •   • card   ❽ 정말, 매우 •   • work

02 녹음을 듣고 대화문의 괄호에 들어갈 단어를 써 보세요.

Dialogue 1   🔊 **MP3 07-09**

A Excuse me. Is this (❶   )?

B Yes, it is 20% (❷   ).

A Oh, awesome! Can I (❸   ) by card?

B Of (❹   )!

Dialogue 2   🔊 **MP3 07-10**

A Can I (❺   ) you?

B Yes, I (❻   ) a smaller size, please.

A Sure! (❼   ) me get that for you.

B Thank you (❽   ) much!

03 빈칸에 알맞은 단어를 넣어 문장을 완성해 보세요

❶ _____ me. Is this on sale? 실례합니다, 이거 할인 중인가요?

❷ Can I pay _____ card? 카드로 지불해도 될까요?

❸ I need a _____ size. 저는 더 작은 사이즈가 필요해요.

❹ Let me _____ that for you. 제가 가져다 드릴게요.

04 단어를 선택하여 문장을 완성하고 바르게 써 보세요.

Can I **+** go / sit / try / stay ?

❶ 제가 앉아도 될까요?

_____

_____

_____

❷ 제가 머물러도 될까요?

_____

_____

_____

I **+** need / need to **+** money / a break / sleep / work .

❸ 저는 휴식이 필요해요.

_____

_____

_____

❹ 저는 일을 해야 해요.

_____

_____

_____

'와이셔츠'는 영어 단어가 아니라고요?

남자분들이 예의를 갖추어야 하는 장소에 갈 때 보통 정장을 입습니다. 정장 안에는 와이셔츠를 입는데요, 이 와이셔츠가 실제 영어권에서는 사용하지 않는 단어라는 것을 알고 계셨나요? 이와 관련된 재미있는 해프닝을 하나 알려 드리겠습니다.

한 한국인 여행객이 미국 방문 중 쇼핑을 하러 갔습니다. 마침 입고 온 와이셔츠에 음식이 묻어 새 와이셔츠가 필요했던 그는 매장 직원에게 다음과 같이 물었습니다.
"Excuse me. Do you have any Y-shirts?" 실례합니다. 와이셔츠가 있을까요?

그러자 그 직원은 잠시 당황하더니 말했습니다.
"Y? Shirts? Sorry. I'm not sure what that is."
와이? 셔츠? 죄송하지만, 그게 무엇인지 잘 모르겠습니다.

한국 관광객은 일상적으로 사용하던 와이셔츠가 당연히 영어 단어 'Y-shirt'일 것이라고 생각했습니다. 본인의 영어 발음에 문제가 있는 줄 알고 양 손을 뻗어 Y 모양을 만든 후 매장에 걸려 있는 셔츠들을 가리켰습니다. 그제서야 그 직원은 한국 관광객이 무엇을 원하는지 알아 차리고는 웃으며 설명해 주었습니다.
"Here in America, we call them dress shirts."
미국에서는 이런 셔츠들을 '드레스 셔츠'라고 불러요.

한국에서 흔히 말하는 와이셔츠를 영어권 국가에서는 흔히 'dress shirts(드레스 셔츠)' 혹은 'formal shirts(포멀 셔츠)'라고 부른답니다. 기억해 주시고, 다음에 해외에서 와이셔츠를 구매할 일이 생기신다면 자신있게 물어보세요!

익스큐즈 미. 두 유 해브 애니 드레스 셔츠?
"Excuse me. Do you have any dress shirts?" 실례합니다. 와이셔츠가 있을까요?

08

식당

고급 레스토랑 혹은 유명한 식당에 갈 때는 예약이 필수이겠죠?
자신의 예약을 확인하고 음식 맛에 대해 이야기하는 상황의 표현을 익혀 보세요.

주요 패턴

Pattern A

Would you like ⬚ ?

~하시겠어요?

Pattern B

It was too ⬚ to ⬚ .

너무 ~해서 ~할 수 없었어요.

~하시겠어요?

우드   유   라이크

Would you like [   ] ?

말하기 패턴 이해하기

'Would you like ~?'는 '~하시겠어요?', '~어때요?'등의 의미로, 상대에게 어떤 것을 권하거나 행동을 제안할 때 쓰는 표현입니다.

우드   유   라이크   어   윈도우   씨트

Would you like a window seat?

➡ 창가 자리로 하시겠어요?

이 구문은 비슷한 의미의 'Do you want ~?'보다 더 정중한 느낌을 나타냅니다. 공식적인 자리나 혹은 가게 직원이 고객을 응대할 때처럼 격식을 차려야 하는 상황에서 유용하게 사용됩니다.

표현 늘리기

🔊 MP3 08-01

단어를 익힌 후 패턴 공식에 넣어 다양한 문장들을 말해 보세요.

쥬스 **juice** 주스	커피 **coffee** 커피
📢 Would you like ▮▮▮ ? 주스 드시겠어요?	📢 Would you like ▮▮▮ ? 커피 드시겠어요?
디절트 **dessert** 디저트, 후식	버걸 **burger** 햄버거
📢 Would you like ▮▮▮ ? 디저트 드시겠어요?	📢 Would you like a ▮▮▮ ? 햄버거 드시겠어요?

106

바로 듣기 QR

❶ Would you like juice?

❷ Would you like coffee?

❸ Would you like dessert?

❹ Would you like a burger?

1초만에 해석하기

❶ Would you like juice? ➡

❷ Would you like coffee? ➡

❸ Would you like dessert? ➡

❹ Would you like a burger? ➡

바르게 따라 쓰기

Would you like juice?

Would you like coffee?

Would you like dessert?

Would you like a burger?

Dialogue 1 자신의 예약을 확인할 수 있어요.

🔊 **MP3** 08-03

server
굿 이브닝. 두 유 해브 어 레졀베이션?
❶Good evening. Do you have a reservation?

Jiho
예스, 언덜 더 네임 지호.
Yes, **❷under the name Jiho.**

server
운 유 라익 어 윈도우 씨트?
Would you like a window seat?

Jiho
예스, 플리즈. 땡큐.
Yes, please. Thank you.

Tip

❶ Good evening.

저녁 시간(보통 6시 이후)에 사용하는 인사말입니다.

– 아침 인사 Good morning.

– 점심, 오후 인사 Good afternoon.

❷ under the name Jiho.

under은 '~라는 이름으로'라는 의미를 가지고 있습니다. 따라서 'under the name Jiho'는 'Jiho'라는 이름으로 예약을 했다는 것을 의미합니다. 이 표현은 특히 레스토랑이나 호텔 예약 시 고객의 이름을 확인할 때 자주 쓰입니다.

역할 교체 연습 server ☐ Jiho ☐

종업원   좋은 저녁입니다. 예약을 하셨습니까?

지호   네, 지호라는 이름으로 예약했습니다.

종업원   창가 자리로 하시겠어요?

지호   네, 감사합니다.

🔊 **MP3 08-04**

굳 good 좋은	레절베이션 reservation 예약	우드 라이크 would like ~을 원하다
이브닝 evening 저녁	언덜 under ~라는 이름으로	윈도우 window 창문
해브 have 가지다	네임 name 이름	씨트 seat 자리, 좌석

문법 PLUS

'Would you like ~?' 구문 뒤에는 '명사'가 올 수도 있고, 'to + 동사' 형태가 올 수도 있습니다.
이 둘은 모두 상대에게 공손하게 제안하하는 표현이지만, 의미적으로 약간의 차이가 있습니다.

· **Would you like + 명사 ~?**
상대가 어떤 것을 원하는지 물어보는 것으로, 보통 '음식', '음료', '좌석' 등을 제공할 때 사용됩니다.
운 유 라익 어 샐러드?
예 Would you like a salad? 샐러드 드시겠어요?

운 유 라익 어 샌드위치?
Would you like a sandwich? 샌드위치 드시겠어요?

· **Would you like + to + 동사 ~?**
상대가 어떤 행동을 하고 싶은지 물어보는 것으로, 행동이나 활동을 권할 때 사용됩니다.
운 유 라익 투 조인 어스?
예 Would you like to join us? 저희와 함께 하실래요?

운 유 라익 투 올덜 나우?
Would you like to order now? 지금 주문을 하시겠어요?

너무 ~해서 ~할 수 없었어요.

잇 워즈 투우
It was too [   ] 투 **to** [   ].

말하기 패턴 이해하기

'It was too ~ to ~.' 구문은 '너무 (형용사)해서 (동사)할 수 없었다.'라는 의미로, 어떤 것의 정도가 지나쳐서 이어지는 행동이나 상태가 불가능하거나 어려웠다는 의미를 전달합니다. 일반적으로 앞쪽 'too' 뒤에는 상태를 나타내는 형용사가 오고, 뒤쪽 'to' 뒤에는 동작을 나타내는 동사가 옵니다.

잇 워즈 투우 스파이시 투 이트
It was too spicy to eat.

➡ 너무 매워서 먹을 수 없었어요.

해당 구문은 일상 생활에서 어떤 행동을 하고 싶었지만, 특정 이유 때문에 할 수 없었을 때 자연스럽게 사용할 수 있습니다.

표현 늘리기

🔊 MP3 08-05

단어를 익힌 후 패턴 공식에 넣어 다양한 문장들을 말해 보세요.

레이트 콜
late / call 늦은 / 전화하다

🔊 It was too [   ] to [   ].
너무 늦어서 전화할 수 없었어요.

달크 씨
dark / see 어두운 / 보다

🔊 It was too [   ] to [   ].
너무 어두워서 볼 수 없었어요.

콜드 고 아웃
cold / go out 추운 / 나가다

🔊 It was too [   ] to [   ].
너무 추워서 나갈 수 없었어요.

헤비 캐리
heavy / carry 무거운 / 들다

🔊 It was too [   ] to [   ].
너무 무거워서 들 수 없었어요.

바로 듣기 QR

❶ It was too late to call.

❷ It was too dark to see.

❸ It was too cold to go out.

❹ It was too heavy to carry.

1초만에 해석하기

❶ It was too late to call. ➡

❷ It was too dark to see. ➡

❸ It was too cold to go out. ➡

❹ It was too heavy to carry. ➡

바르게 따라 쓰기

It was too late to call.

It was too dark to see.

It was too cold to go out.

It was too heavy to carry.

Dialogue 2 **음식 맛에 대해 이야기할 수 있어요.** 🔊 MP3 08-07

Jiho
하우 워즈 유얼 푿?
❶How was your food?

Sunhee
잇 워즈 투우 스파이시 투 이트.
It was too spicy to eat.

Jiho
운 유 라익 썸띵 엘스?
Would you like ❷something else?

Sunhee
노, 아임 굳.
No, I'm good.

Tip

❶ How was ~?

'How was ~?' 구문은 과거의 경험이나 상태에 대한 의견을 묻는 질문 형식입니다.

예 How was your day? 당신의 하루는 어떠셨나요?

❷ something else

something else는 '또 다른 것'을 의미합니다. 상대방이 무언가를 받고 난 후에 추가로 더 원하는 것이 있는지 물어볼 때 사용합니다.

예 Do you want to try something else? 다른 것을 시도해 보시겠어요?

역할 교체 연습 Jiho ☐ Sunhee ☐

지호 음식 어땠어요?

선희 너무 매워서 먹을 수 없었어요.

지호 다른 것을 드시겠어요?

선희 아뇨. 저는 괜찮아요.

단어 PLUS

하우 **how** 어떻게	투우 **too** 너무	잍 **eat** 먹다
워즈 **was** ~였다(am의 과거형)	스파이시 **spicy** 매운	썸띵 **something** 어떤 것
풀 **food** 음식	투 **to** ~하기에	엘스 **else** 또 다른

문법 PLUS

'It was too ~ to ~.' 구문과 반대로 긍정적인 결과를 암시하는 구문도 있습니다.
바로 'It was ~ enough to ~.' 구문으로 '~할 정도로 충분히 ~했다.'라는 의미를 나타냅니다.
비교를 통해 두 구문의 차이를 알아봅시다.

	too ~ to ~	~ enough to ~
의미	너무 ~해서 ~할 수 없었다	~하기에 충분히 ~했다
결과	부정적 결과	긍정적 결과
기본 구조	It was too (형용사) to (동사).	It was (형용사) enough to (동사).
예문	잇 워즈 투우 콜드 투 스윔. It was too cold to swim. 너무 추워서 수영을 할 수 없었어요.	잇 워즈 웜 이넙 투 스윔. It was warm enough to swim. 수영을 하기에 충분히 따뜻했어요.

'too ~ to ~'는 행동이 불가능함을 강조하는 반면, '~ enough to ~'는 행동이 가능함을 강조하는
표현입니다. 이러한 차이를 이해하고 적절한 상황에 맞게 사용하면 더욱 풍부한 영어 표현을 구사할 수
있습니다.

확인 연습

01 우리말 뜻과 알맞은 영어 단어를 이어 보세요.

❶ 디저트 •   • good   ❺ 추운 •   • food

❷ 좋은 •   • seat   ❻ 음식 •   • cold

❸ ~을 원하다 •   • dessert   ❼ 또 다른 •   • heavy

❹ 자리, 좌석 •   • would like   ❽ 무거운 •   • else

02 녹음을 듣고 대화문의 괄호에 들어갈 단어를 써 보세요.

Dialogue 1 🔊 MP3 08-09

A Good evening. Do you have a (❶   )?

B Yes, (❷   ) the name Jiho.

A (❸   ) you like a window seat?

B Yes, please. (❹   ) you.

Dialogue 2 🔊 MP3 08-10

A How (❺   ) your food?

B It was (❻   ) spicy to eat.

A Would you (❼   ) something else?

B No, I'm (❽   ).

03 빈칸에 알맞은 단어를 넣어 문장을 완성해 보세요

❶ Do you _____ a reservation? 예약을 하셨습니까?

❷ Would you like a _____ seat? 창가 자리로 하시겠어요?

❸ It was too _____ to eat. 너무 매워서 먹을 수 없었어요.

❹ Would you like _____ else? 다른 것을 드시겠어요?

04 단어를 선택하여 문장을 완성하고 바르게 써 보세요.

 Would you like **+** juice / coffee / dessert / a burger ?

❶ 주스 드시겠어요?
_____
- -
_____

❷ 햄버거 드시겠어요?
_____
- -
_____

 It was too **+** dark / late **+** to **+** call / see .

❸ 너무 어두워서 볼 수 없었어요.
_____
- -
_____

❹ 너무 늦어서 전화할 수 없었어요.
_____
- -
_____

영어에도 다양한 맛 표현이 있다고요?

우리말에는 맛을 표현하는 형용사가 매우 다양합니다. 단순히 '달다', '쓰다', '시다', '짜다', '맵다'뿐만 아니라, '감칠맛 난다', '얼큰하다', '쌉싸름하다', '알싸하다' 등의 섬세한 표현까지 존재합니다. 그렇다면 영어에서는 어떤 단어들이 이런 다양한 맛을 표현할까요?

블랜드
① bland (싱거운, 밍밍한)
라틴어 'blandus(부드러운, 온화한)'에서 유래되었으며, 너무 심심하고 강한 맛이 없는 음식을 표현할 때 사용됩니다. 맛뿐만 아니라 '지루한', '개성이 없는'의 뜻을 나타내기도 합니다.

펀전트
② pungent (톡 쏘는, 새콤한)
라틴어 'pungere(찌르다)'에서 유래되었으며, 마늘, 양파, 고추냉이(와사비) 같은 강한 향과 알싸한 맛을 표현할 때 사용됩니다.

탱이
③ tangy (톡 쏘는, 알싸한)
중세 영어 'tang(강한 맛, 냄새)'에서 유래되었습니다. 톡 쏘는 듯한 상큼한 맛을 나타내며, 오렌지, 라임, 머스타드 소스 등의 맛을 나타낼 때 사용됩니다.

쎄이버리
④ savory (짭짤하고 감칠맛 나는)
고대 프랑스어 'savoure', 라틴어 'saporem(맛, 향기)'에서 유래되었습니다. 단맛이 없는 음식(고기 요리, 치즈, 감자튀김)에서 나는 짭짤하고 풍미 있는 맛을 뜻하는데, 영국식 영어에서는 'savoury'라고 씁니다.

이처럼 영어에서도 음식의 맛과 식감을 세밀하게 표현할 수 있는 다양한 단어들이 있습니다. 식당에서 음식을 먹거나 또는 직접 요리할 때 이러한 표현들을 사용한다면 수준 높은 영어를 구사하실 수 있을 겁니다.

09

커피숍

커피숍에 가시면 주로 어떤 음료를 주문해서 드시나요?
음료의 종류와 사이즈, 그리고 테이크아웃까지 다양한 표현을 익히고 말해 보세요.

주요 패턴

Pattern A

Would you like ☐ or ☐ ?

~하시겠어요, ~하시겠어요?

Pattern B

I would like ☐ .

저는 ~을 원해요.

~하시겠어요, ~하시겠어요?

우드   유   라이크   오얼
Would you like [   ] or [   ]?

말하기 패턴 이해하기

'Would you like A or B?' 구문은 정중하게 상대의 선택을 물어보는 표현입니다. 특히 'A or B?'형식은 두 가지 옵션 중에서 하나를 선택하도록 요구하는 질문으로, 실제 사용 빈도가 매우 높습니다.

우드   유   라이크   커피   오얼   티
Would you like coffee or tea?

➡ 커피로 하시겠어요, 차로 하시겠어요?

격식을 차리지 않아도 되는 상황이거나 또는 매장에서 직원이 바쁘게 주문을 받는 경우 'Would you like A or B?' 구문을 'A or B?'처럼 간략하게 말할 수도 있습니다.

표현 늘리기

🔊 **MP3** 09-01

단어를 익힌 후 패턴 공식에 넣어 다양한 문장들을 말해 보세요.

비얼   소주
beer / soju 맥주 / 소주

📢 Would you like [ ] or [ ]?
맥주로 하시겠요, 소주로 하시겠요?

스파이시   마일드
spicy / mild 매운 / 순한

📢 Would you like [ ] or [ ]?
맵게 하시겠요, 순하게 하시겠요?

라이스   누들스
rice / noodles 쌀밥 / 면

📢 Would you like [ ] or [ ]?
쌀밥으로 하시겠요, 면으로 하시겠요?

치킨   비프
chicken / beef 닭고기 / 소고기

📢 Would you like [ ] or [ ]?
닭고기로 하시겠요, 소고기로 하시겠요?

바로 듣기 QR

❶ Would you like beer or soju?

❷ Would you like spicy or mild?

❸ Would you like rice or noodles?

❹ Would you like chicken or beef?

1초만에 해석하기

❶ Would you like beer or soju? ➡

❷ Would you like spicy or mild? ➡

❸ Would you like rice or noodles? ➡

❹ Would you like chicken or beef? ➡

바르게 따라 쓰기

Would you like beer or soju?

Would you like spicy or mild?

Would you like rice or noodles?

Would you like chicken or beef?

실전 회화

Dialogue 1 음료를 주문한 후 포장을 요청할 수 있어요.　🔊 MP3 09-03

staff member
하이! 운 유 라잌 커피 오얼 티?
Hi! Would you like coffee or tea?

Sunhee
아이스드 커피, 플리즈. 위드 레쓰 아이스.
❶Iced coffee, please. With less ice.

staff member
슈얼! 폴 히얼 오얼 투 고?
Sure! ❷For here or to go?

Sunhee
투 고, 플리즈.
To go, please.

Tip

❶ Iced coffee
우리가 커피를 주문할 때 '아이스 커피'라는 단어를 자주 사용합니다. 하지만 실제 영어에서는 '차가운', '얼음을 넣은'의 뜻을 가진 아이스드(iced)를 사용해서 말해야 합니다.

❷ For here or to go?
for here은 '여기에서 먹다'라는 의미이고, to go는 '포장해 가다'라는 의미입니다. 우리가 흔히 사용하는 테이크아웃(take out)의 반대말은 'for here'입니다.

역할 교체 연습　staff member ☐　Sunhee ☐

직원　안녕하세요! 커피로 하시겠어요, 차로 하시겠어요?

선희　아이스 커피로 주세요. 얼음은 적게 넣어 주시고요.

직원　네! 여기에서 드시겠어요, 가지고 가시겠어요?

선희　가지고 가겠습니다.

120

MP3 09-04

오얼 or 또는	슈얼 sure 네, 그럼요	아이스 ice 얼음
티 tea 차(음료)	위드 with ~와 함께	폴 히얼 for here 여기에서 먹다
아이스드 iced 차가운	레쓰 less 더 적은	투 고 to go 포장해서 가다

문법 PLUS

선택 의문문은 상대에게 두 가지 이상의 선택지를 주고 하나를 선택하도록 질문하는 형태입니다.
일반적으로 선택 의문문의 A와 B는 같은 성격의 단어가 쓰입니다.

• **명사 or 명사?**

> 커피 오얼 티?
> 예 Coffee or tea? 커피로 하시겠어요, 차로 하시겠어요?

• **형용사 or 형용사?**

> 핫 오얼 아이스드?
> 예 Hot or iced? 뜨거운 걸로 하시겠어요, 차가운 걸로 하시겠어요?

• **동사구 or 동사구?**

> 폴 히얼 오얼 투 고?
> 예 For here or to go? 여기서 드시겠어요, 가지고 가시겠어요?

선택지가 세 개인 경우에는 'A, B, or C?'와 같이 여러 옵션을 나열할 수 있습니다.

저는 ~을 원해요.

아이　우드　라이크
I would like ⬜.

말하기 패턴 이해하기

'I would like ~.'은 무언가를 정중하게 요청하거나 하고 싶은 바람을 표현할 때 쓰는 표현입니다. 직역하면 '나는 ~을 원합니다.'이지만, 실제로는 우리말 '~ 주세요.' 정도의 의미에 가깝습니다. 'I want ~.' 구문보다 더 부드럽고 예의 있게 뜻을 전달할 수 있으며, 카페나 식당, 비즈니스 상황, 이메일 등 어디서나 쓸 수 있는 아주 유용한 표현입니다.

아이　우드　라이크　어　라테이
I would like a latte. ➡ 라떼 한 잔 주세요.

일상 회화에서는 흔히 I would like를 줄여서 자연스럽게 I'd like(아이드 라이크)와 같이 말합니다.

표현 늘리기

🔊 MP3 09-05

단어를 익힌 후 패턴 공식에 넣어 다양한 문장들을 말해 보세요.

리펀드
refund 환불

📢 I would like a ⬚.
저는 환불을 원해요.

리시트
receipt 영수증

📢 I would like a ⬚.
저는 영수증을 원해요.

베이케이션
vacation 휴가, 방학

📢 I would like a ⬚.
저는 휴가를 원해요.

샌드위치
sandwich 샌드위치

📢 I would like a ⬚.
저는 샌드위치를 원해요.

듣고 따라 말하기

바로 듣기 QR

❶ I would like a refund.

❷ I would like a receipt.

❸ I would like a vacation.

❹ I would like a sandwich.

1초만에 해석하기

❶ I would like a refund. ➡

❷ I would like a receipt. ➡

❸ I would like a vacation. ➡

❹ I would like a sandwich. ➡

바르게 따라 쓰기

I would like a refund.

I would like a receipt.

I would like a vacation.

I would like a sandwich.

Dialogue 2 음료 주문과 사이즈 선택을 할 수 있어요.　　🔊 MP3 09-07

staff member

하이! 왓 운 유 라익 투 올덜?
Hi! What would you like to order?

Sunhee

아이드 라익 어 핫 버닐라 라테이, 플리즈.
I'd like a hot vanilla ❶latte, please.

staff member

그뤠잇 초이스! 왓 싸이즈 운 유 라이크?
Great choice! What size would you like?

Sunhee

랄지, 플리즈.
❷Large, please.

Vanilla latte

Tip

❶ latte

Latte는 원래 '우유'라는 뜻의 이탈리아어입니다. 우리가 발음하는 '라떼'는 이탈리아식 발음을 그대로 사용하는 것이죠. 영어식 발음은 [라테이]에 가깝습니다.

❷ large

영어권의 음료 사이즈 종류는 일반적으로 다음과 같습니다.
Small 스몰 < Medium 미디움 < Large 랄지 < Extra large(XL) 엑스트라 랄지

역할 교체 연습　staff member ☐　Sunhee ☐

직원　안녕하세요! 어떤 걸로 주문하시겠어요?

선희　따뜻한 바닐라 라떼 한 잔 주세요.

직원　좋은 선택이세요! 어떤 사이즈를 원하세요?

선희　큰 사이즈로 주세요.

단어 PLUS

왓 **what** 무엇	버닐라 **vanilla** 바닐라	초이스 **choice** 선택
올덜 **order** 주문하다	라테이 **latte** 라떼(음료)	싸이즈 **size** 크기
핫 **hot** 뜨거운	그뤠이트 **great** 좋은, 훌륭한	랄지 **large** 큰, 대형의

문법 PLUS

'I would like ~.' 뒤에는 명사뿐 아니라 'to + 동사' 형태가 올 수도 있습니다. '~을 하기를 바란다.'라는 의미로, 상대에게 어떤 행동을 요청하거 또는 자신이 무언가를 하고 싶다는 바람을 나타냅니다.

> I would like + to + 동사 ~.

아이 우드 라익 투 고 나우.
예 I would like to go **now.** 저는 지금 가기를 원해요.

특정 대상에게 어떤 행동을 정중하게 요청할 때는 'I would like ~.' 뒤에 '사람 + to + 동사' 형태를 넣어 말할 수도 있습니다.

> I would like + 사람 + to + 동사 ~.

아이 우드 라익 유 투 웨잍 히얼.
예 I would like you to wait **here.** 당신이 여기에서 기다려 주셨으면 합니다.

확인 연습

01 우리말 뜻과 알맞은 영어 단어를 이어 보세요.

❶ 얼음 •   • tea   ❺ 라떼(음료) •   • recipt

❷ ~와 함께 •   • with   ❻ 좋은, 훌륭한 •   • vacation

❸ 또는 •   • ice   ❼ 영수증 •   • latte

❹ 차(음료) •   • or   ❽ 휴가, 방학 •   • great

02 녹음을 듣고 대화문의 괄호에 들어갈 단어를 써 보세요.

Dialogue **1**	🔊 **MP3 09 - 09**

A   Hi! Would you like (❶   ) or tea?

B   Iced coffee, please. With (❷   ) ice.

A   Sure! (❸   ) or to go?

B   To go, (❹   ).

Dialogue **2**	🔊 **MP3 09 - 10**

A   Hi! What would you like to (❺   )?

B   (❻   ) like a hot vanilla latte, please.

A   Great (❼   )! What size would you like?

B   (❽   ), please.

03 빈칸에 알맞은 단어를 넣어 문장을 완성해 보세요

❶ _____ coffee, please. 아이스 커피로 주세요.

❷ For here or _____? 여기에서 드시겠어요, 가지고 가시겠어요?

❸ I'd like a _____ vanilla latte. 따뜻한 바닐라 라떼 한 잔 주세요.

❹ What _____ would you like? 어떤 사이즈를 원하세요?

04 단어를 선택하여 문장을 완성하고 바르게 써 보세요.

Would you like ＋ beer / spicy ＋ or ＋ mild / soju ?

❶ 맥주로 하시겠어요, 소주로 하시겠어요?

_____

- -

_____

❷ 맵게 하시겠어요, 순하게 하시겠어요?

_____

- -

_____

I would like ＋ a refund / a receipt / a vacation / a sandwich .

❸ 저는 영수증을 원해요.

_____

- -

_____

❹ 저는 환불을 원해요.

_____

- -

_____

09 커피숍 **127**

커피의 별명 cup of Joe(컵 오브 조)

'cup of Joe'는 영어에서 아주 흔하게 쓰이는 표현으로, '커피 한 잔'을 친근하게 부르는 표현입니다. 주로 아침에 정신을 차릴 때나 또는 일할 때 힘을 내기 위해 커피를 마시는 상황에서 많이 쓰입니다. 그렇다면 왜 커피를 굳이 'Joe'라고 부를까요? 'cup of joe'의 정확한 기원은 밝혀지지 않았지만, 몇 가지 재미있는 설이 있습니다.

① 미국 해군 장교 설

1913년 미국 해군 장관 조세퍼스 다니얼스(Josephus Daniels)는 해군에서 술을 금지하고 커피만 허용하는 정책을 시행했습니다. 이에 불만이 많았던 선원들이 이를 비꼬며 커피를 'Joe's drink(조 장관의 음료)'라고 부르기 시작했고, 그것이 'cup of Joe'로 퍼졌다는 이야기가 전해집니다.

② 평범한 사람 설

'Joe'가 '평범한 사람'을 의미하는 표현 'average Joe'에서 유래되었다는 설도 있습니다. 'Joe'는 일반 사람을 상징하고, 'cup of Joe'는 '누구나 마시는 보통의 음료(커피)'라는 뜻으로 사용되었다는 해석입니다.

③ 언어학적 근거 설

마지막으로 언어학적인 설도 있습니다. 예전에 커피를 'Java'나 'Mocha'라고 불렀는데, 이 두 단어가 합쳐져 'Jamoke'라는 표현이 생겼고, 이것이 점차 줄어들며 'Joe'가 되었다는 이야기도 전해집니다.

어떤 어원이든지 간에, 'cup of Joe'는 단순한 커피 한 잔을 넘어서 일상 속에서 누구나 쉽게 공감할 수 있는 따뜻하고 정겨운 표현입니다. 직접 주문할 때는 'coffee'가 더 일반적이지만, 일상 대화에서는 'cup of Joe'라는 표현이 센스 있고 사람 냄새 나는 말로 느껴진답니다. 친구나 동료에게 아래와 같이 말하며 커피 타임을 제안해 보세요!

레츠 그랩 어 컵 오브 조.
"Let's grab a cup of Joe." 커피 한 잔 하시죠.

10

기념일

지인의 생일이나 소중한 기념일에 어떤 말을 건네시나요?
생일 초대와 기념일 축하에 쓰이는 표현들을 익히고 따뜻한 마음을 전해 보세요.

주요 패턴

Pattern A

Thank you for [____]ing.

~해 주셔서 감사해요.

Pattern B

We usually [____].

우리는 보통 ~해요.

~해 주셔서 감사해요.

땡크 유 폴
Thank you for [ ] ing.

말하기 패턴 이해하기

'Thank you for –ing.' 구문은 '~해 주셔서 고맙습니다.'라는 의미로, 누군가 나에게 한 행동이나 제공해 준 서비스에 대한 고마움을 표현합니다. for 뒤에는 '동사+ing' 형태가 온다는 것을 기억하세요!

땡크 유 폴 커밍
Thank you for coming. ➡ 와 주셔서 감사해요.

위 문장은 지인이 자신의 초대에 응해 행사에 참석했거나 또는 멀리서 방문해 주었을 경우 감사의 마음을 전할 수 있는 좋은 표현입니다.

표현 늘리기

🔊 **MP3** 10-01

단어를 익힌 후 패턴 공식에 넣어 다양한 문장들을 말해 보세요.

헬프 help 돕다	**콜** call 전화하다
🔊 Thank you for [ ]ing. 도와주셔서 감사해요.	🔊 Thank you for [ ]ing. 전화해 주셔서 감사해요.
웨이트 wait 기다리다	**언덜스탠드** understand 이해하다
🔊 Thank you for [ ]ing. 기다려 주셔서 감사해요.	🔊 Thank you for [ ]ing. 이해해 주셔서 감사해요.

바로 듣기 QR

❶ Thank you for helping.

❷ Thank you for calling.

❸ Thank you for waiting.

❹ Thank you for understanding.

1초만에 해석하기

❶ Thank you for helping. ➡

❷ Thank you for calling. ➡

❸ Thank you for waiting. ➡

❹ Thank you for understanding. ➡

바르게 따라 쓰기

Thank you for helping.

Thank you for calling.

Thank you for waiting.

Thank you for understanding.

Dialogue 1 지인이 방문했을 때 감사 표현을 할 수 있어요.

🔊 **MP3 10-03**

Sunhee
하이! 해피 벌뜨데이.
Hi! **<u>Happy birthday!</u>**

Jiho
땡큐 폴 커밍 투데이.
Thank you for **<u>coming</u>** today.

Sunhee
아이 브롯트 유 어 기프트.
I brought you a gift.

Jiho
와우, 렛미 씨… 오, 아이 러빗!
Wow, let me see… Oh, I love it!

Tip

1 Happy birthday.

가장 보편적인 생일 축하 인사입니다. 'Happy+기념일'의 형식으로 특정 날을 축하해 줄 수 있습니다.

예 Happy anniversary! 기념일 축하해!

2 coming

동사 come처럼 e로 끝나는 단어는 '–ing'와 결합할 때 마지막 e를 생략합니다.

예 make → making / take → taking

역할 교체 연습 Sunhee ☐ Jiho ☐

선희 안녕하세요! 생일 축하해요!

지호 오늘 와 주셔서 감사해요.

선희 선물을 가져왔어요.

지호 와우, 제가 좀 볼게요… 오, 너무 마음에 들어요!

해피 happy 행복한	컴 come 오다	와우 wow 와우(놀람)
벌뜨데이 birthday 생일	투데이 today 오늘	렛 let ~하게 하다
땡크 thank 감사하다	브롯트 brought 가져왔다	씨 see 보다
폴 for ~에 대해	기프트 gift 선물	러브 love 사랑하다

문법 PLUS

bring은 '(어떤 물건을) 가져오다' 혹은 '(사람을) 데려오다' 라는 뜻을 나타내는 동사입니다. 그렇다면 '가져왔다', '데려 왔다'라는 뜻은 어떻게 표현해야 할까요? 바로 동사 bring의 과거형 brought를 사용하여 나타낼 수 있습니다. 예문을 통해 현재형과 과거형의 차이점을 알아 봅시다.

• 현재형 bring
bring은 주로 무언가를 가져오거나 누군가를 데려오라고 요청 또는 안내할 때 사용합니다.

플리즈 브링 유얼 북.

예 Please bring your book. 책을 가져와 주세요.

• 과거형 brought
brought는 이미 가져왔거나 데려온 경우에 사용합니다. 음식, 선물, 물건, 사람 등 다양한 상황에서 사용될 수 있습니다.

아이 브롯트 마이 북.

예 I brought my book. 저는 책을 가져왔어요.

우리는 보통 ~해요.

위　　유주얼리
We usually [　　　　].

말하기 패턴 이해하기

'We usually ~.' 구문은 '우리는 보통 ~해요.'라는 의미로, 현재의 습관 또는 정기적으로 하는 행동 등을 나타냅니다. usually는 '보통', '대개'의 뜻으로 평상시의 반복되는 행동을 강조하는데, 이렇게 행동이 얼마나 자주 일어나는가를 나타내는 부사를 '빈도부사'라고 부릅니다.

위　　유주얼리　해브　어　스페셜　디널
We usually have a special dinner.

➡ 우리는 보통 특별한 저녁을 먹어요.

해당 구문을 활용하면 일상생활에서 반복적으로 일어나는 일, 습관 등을 자연스럽게 말할 수 있습니다.

표현 늘리기

🔊 **MP3** 10-05

단어를 익힌 후 패턴 공식에 넣어 다양한 문장들을 말해 보세요.

잍 아웃 **eat out** 외식하다 📣 We usually [　]. 우리는 보통 외식을 해요.	슬립 레이트 **sleep late** 늦게 자다 📣 We usually [　]. 우리는 보통 늦게 자요.
테익 어 택시 **take a taxi** 택시를 타다 📣 We usually [　]. 우리는 보통 택시를 타요.	월크 오벌타임 **work overtime** 야근하다 📣 We usually [　]. 우리는 보통 야근을 해요.

듣고 따라 말하기

바로 듣기 QR

❶ We usually eat out.

❷ We usually sleep late.

❸ We usually take a taxi.

❹ We usually work overtime.

1초만에 해석하기

❶ We usually eat out. ➡

❷ We usually sleep late. ➡

❸ We usually take a taxi. ➡

❹ We usually work overtime. ➡

바르게 따라 쓰기

We usually eat out.

We usually sleep late.

We usually take a taxi.

We usually work overtime.

Dialogue 2 기념일에 어떤 일을 하는지 묻고 답할 수 있어요. 🔊 MP3 10-07

Jiho
해피 에니벌써리!
Happy ❶anniversary!

Sooji
땡큐 쏘 머치, 대드.
Thank you so much, Dad.

Jiho
왓 두 유 유주얼리 두 온 유얼 애니벌써리?
What do you usually do on your anniversary?

Sooji
위 유주얼리 해브 어 스페셜 디널.
We usually ❷have a special dinner.

Tip

❶ anniversary
특정 기념일을 나타내며, 일반적으로 '결혼 기념일(wedding anniversary)'을 가리킵니다.

❷ have dinner
우리말 해석으로는 '저녁을 먹다'이지만, 영어에서는 '식사를 하다'를 나타낼 때 eat(먹다)가 아닌 have(가지다)로 표현합니다.
예 have breakfast(lunch / dinner) 아침(점심/저녁) 식사를 하다

역할 교체 연습 Jiho ☐ Sooji ☐

지호   (결혼) 기념일 축하해!

수지   정말 고마워요, 아빠.

지호   (결혼) 기념일에는 보통 무엇을 하니?

수지   저희는 보통 특별한 저녁 식사를 해요.

애니벌써리 **anniversary** 기념일	대드 **Dad** 아빠	해브 **have** 가지다
쏘 **so** 정말, 대단히	유주얼리 **usually** 보통, 대게	스페셜 **special** 특별한
머치 **much** 매우, 대단히	온 **on** ~에(시간)	디널 **dinner** 저녁 식사

문법 PLUS

usually 외에 자주 쓰이는 빈도부사에는 어떤 것들이 있는지 알아보고, 다양한 빈도부사들을 사용하여 말하는 연습을 해 보세요.

· **always** 항상, 늘

　아이 올웨이즈 웨이크업 얼리.

예 I always wake up early. 저는 항상 일찍 일어나요.

· **often** 종종, 자주

　아이 오픈 웨이크업 얼리.

예 I often wake up early. 저는 종종 일찍 일어나요.

· **sometimes** 가끔

　아이 썸타임즈 웨이크업 얼리.

예 I sometimes wake up early. 저는 가끔 일찍 일어나요.

· **never** 절대, 결코

　아이 네벌 웨이크업 얼리.

예 I never wake up early. 저는 절대 일찍 일어나지 않아요.

01 우리말 뜻과 알맞은 영어 단어를 이어 보세요.

❶ 생일 ・　　　・ birthday

❷ 보다 ・　　　・ gift

❸ 선물 ・　　　・ understand

❹ 이해하다 ・　　・ see

❺ 정말, 대단히 ・　　・ dinner

❻ 저녁 식사 ・　　・ eat out

❼ 외식하다 ・　　・ so

❽ ～에(시간) ・　　・ on

02 녹음을 듣고 대화문의 괄호에 들어갈 단어를 써 보세요.

Dialogue 1　　　　🔊 MP3 10-09

A Hi! (❶　　　　　) birthday!

B Thank you for (❷　　　　　) today.

A I (❸　　　　　) you a gift.

B Wow, let me see⋯ Oh, I (❹　　　　　) it!

Dialogue 2　　　　🔊 MP3 10-10

A Happy (❺　　　　　)!

B Thank you so (❻　　　　　), Dad.

A What do you (❼　　　　　) do on your anniversary?

B We usually (❽　　　　　) a special dinner.

03 빈칸에 알맞은 단어를 넣어 문장을 완성해 보세요

❶ Thank you _____ coming today. 오늘 와 주셔서 감사해요.

❷ I brought you a _____. 선물 가져왔어요.

❸ _____ you so much. 정말 고마워요.

❹ We usually have a _____ dinner. 보통 특별한 저녁 식사를 해요.

04 단어를 선택하여 문장을 완성하고 바르게 써 보세요.

  Thank you for **+** help / call / wait / understand **+** ing .

❶ 전화해 주셔서 감사해요.

_____

- -

_____

❷ 이해해 주셔서 감사해요.

_____

- -

_____

  We usually **+** eat out / sleep late / take a taxi / work overtime .

❸ 우리는 보통 외식을 해요.

_____

- -

_____

❹ 우리는 보통 택시를 타요.

_____

- -

_____

영어에서 자주 사용하는 건배사는?

생일이나 승진처럼 축하하는 자리에서 자연스럽게 건배를 하게 되는데, 이때 빠질 수 없는 것이 바로 건배사입니다. 영어로 건배사는 toast(토스트)라고 합니다. 아침에 먹는 빵인 토스트와 동일한 단어 이지만, 여기서는 '축하나 감사, 희망을 담아 잔을 들기 전에 하는 짧은 연설'이라는 의미로 쓰입니다. 그렇다면 영어 건배사에는 어떤 표현들이 있을까요?

가장 기본적이고 널리 쓰이는 건배사입니다.
"Cheers!" 건배!

'잔을 한 번에 비우자'라는 뜻으로 사용됩니다.
"Bottoms up!" 원샷!

건강을 기원할 때 가장 흔히 쓰이는 표현입니다.
"To our health!" 우리의 건강을 위하여!

그밖에 자주 쓰이는 건배사로 다음과 같은 문장들이 있습니다.
"Here's to a great night!" 멋진 밤을 위하여!
"May we live, laugh, and love!" 우리의 삶이 웃음과 사랑으로 가득하길!

영어 건배사는 보통 간단하지만, 약간의 유머를 곁들여 더욱 즐겁게 만들 수 있습니다.
예를 들어 다음과 같은 표현이 있습니다.
"May our glasses always be full and our troubles always be empty!"
우리의 잔은 항상 가득 차고, 고민은 항상 비어 있기를!

이제 영어 건배사들을 통해 소중한 사람들과 함께 하는 순간을 더욱 특별하게 만들어 보세요.
상황과 분위기에 맞는 건배사로 감동과 웃음을 더한다면 멋진 추억을 만들 수 있을 거예요!

CHAPTER

11

건강

우리 인생에 건강보다 중요한 것이 또 있을까요?
다이어트와 등산에 관한 표현을 익혀 보세요.

주요 패턴

Pattern A

I am trying to ⬚.

저는 ~하려고 노력 중이에요.

Pattern B

I am going ⬚ing.

저는 ~하러 가는 중이에요.

저는 ~하려고 노력 중이에요.

아이　엠　트라잉　투
I am trying to ⬚.

말하기 패턴 이해하기

'I am trying to ~.' 구문은 '나는 ~하려고 노력 중이다.'라는 의미를 나타냅니다. 지금 이 순간 어떤 일을 하려고 애쓰고 있거나, 계속해서 노력 중일 때 사용하는 표현입니다. 상황에 따라 '나는 ~하려고 하고 있다.' 정도로 가볍게 해석될 수 있습니다.

아이　엠　트라잉　투　루즈　웨이트
I am trying to lose weight.

➡ 저는 살을 빼려고 노력 중이에요.

이 구문은 아주 간단하지만 일상 대화 속에서 원어민들이 자주 쓰는 표현입니다. 여러분도 자신이 지금 노력하고 있는 것, 바꾸고 싶은 습관, 도전하고 있는 일들을 영어로 말해 보세요!

표현 늘리기

🔊 MP3 11-01

단어를 익힌 후 패턴 공식에 넣어 다양한 문장들을 말해 보세요.

릴렉스 **relax** 긴장을 풀다 📢 I am trying to ▨. 저는 쉬려고 하고 있어요.	슬립 **sleep** 잠을 자다 📢 I am trying to ▨. 저는 자려고 하고 있어요.
비 카인드 **be kind** 친절하게 대하다 📢 I am trying to ▨. 저는 친절하게 대하려고 노력 중이에요.	엔조이 라이프 **enjoy life** 인생을 즐기다 📢 I am trying to ▨. 저는 인생을 즐기려고 노력 중이에요.

바로 듣기 QR

❶ I am trying to relax.

❷ I am trying to sleep.

❸ I am trying to be kind.

❹ I am trying to enjoy life.

1초만에 해석하기

❶ I am trying to relax. ➡

❷ I am trying to sleep. ➡

❸ I am trying to be kind. ➡

❹ I am trying to enjoy life. ➡

바르게 따라 쓰기

I am trying to relax.

I am trying to sleep.

I am trying to be kind.

I am trying to enjoy life.

Dialogue 1 다이어트에 대해 말할 수 있어요.

🔊 MP3 11-03

Sunhee
아임 트라잉 투 루즈 웨이트.
I'm trying to ❶lose weight.

Jiho
뤼얼리? 하우 알 유 두잉 잇?
Really? How are you doing it?

Sunhee
아임 잍잉 레쓰 앤드 엑썰싸이징 모얼.
I'm eating less and exercising more.

Jiho
댓 싸운즈 굳! 아이 슈드 스탈트, 투우.
❷That sounds good! I should start, too.

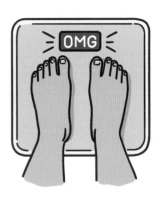

Tip

❶ lose weight

영어에서는 '살을 빼다'를 표현할 때 '무게를 잃다'라는 뜻의 'lose weight'라고 표현합니다. 반대로, '살이 찌다'는 '증가하다'라는 뜻을 가진 'gain(게인)'을 써서 'gain weight'라고 합니다.

❷ That sounds good!

상대방이 말한 내용이 좋게 들릴 때 혹은 공감하거나 동의할 때 자주 쓰는 표현 입니다. 더 강한 긍정을 나타낼 때는 'That sounds great!'로 표현할 수 있습니다.

역할 교체 연습 Sunhee ☐ Jiho ☐

선희 저는 살을 빼려고 노력 중이에요.

지호 정말요? 어떻게 하고 있어요?

선희 덜 먹고 운동을 더 하고 있어요.

지호 좋네요! 저도 시작하는 게 좋겠어요.

트라이 try 노력하다	잍 eat 먹다	모얼 more 더 (많이)
루즈 lose 잃어버리다	레쓰 less 더 적은	싸운드 sound ~처럼 들리다
웨이트 weight 무게	앤드 and 그리고	슈드 should ~하는 게 좋겠다
뤼얼리 really 정말로	엑설싸이즈 exercise 운동하다	스탈트 start 시작하다

문법 PLUS

should는 동사 앞에 위치하여 '~하는 게 좋겠다', '~해야 한다'라는 의미를 나타냅니다.
주로 누군가에게 조언이나 추천을 하거나 또는 해야 할 일을 말할 때 사용합니다.

유 슈드 잍 브렉퍼스트.
예 You should eat breakfast. 당신은 아침을 먹는 것이 좋겠어요.

'~하면 안 된다'는 'should not'으로 표현하는데, 일상 회화에서는 shouldn't로 줄여서 씁니다.

유 슈든트 잍 투우 머치.
예 You shouldn't eat too much. 당신은 너무 많이 먹지 않는 것이 좋겠어요.

should와 비슷한 의미를 나타내는 단어로 must가 있습니다. must는 '반드시 ~해야 한다'라는
뜻으로 should에 비해서 매우 강한 뉘앙스를 가지며 규칙이나 명령을 나타낼 때 사용됩니다.

유 머스트 피니쉬 유얼 월크.
예 You must finish your work. 당신은 반드시 일을 끝내야 합니다.

저는 ~하러 가는 중이에요.

아이 엠 고잉

I am going 〔　　　〕ing.

말하기 패턴 이해하기

'I am going −ing.' 구문은 기본형 'go −ing(∼하러 가다)'가 진행형 'going −ing(∼하러 가는 중이다)'로 바뀐 형태입니다. 어떤 활동을 하러 가고 있는 상황을 나타내는데, 특히 운동이나 외출, 여행처럼 밖에서 움직임이 필요한 활동을 말할 때 자주 쓰입니다.

아이 엠 고잉 하이킹

I am going hiking. ➜ 저는 등산하러 가는 중이에요.

해당 구문은 '∼하러 갈 예정이다'라는 뜻으로 가까운 미래에 어떤 활동을 할 예정임을 나타낼 수도 있습니다.

📖 I am going hiking tomorrow. 저는 내일 등산하러 갈 거예요.

표현 늘리기

🔊 MP3 11-05

단어를 익힌 후 패턴 공식에 넣어 다양한 문장들을 말해 보세요.

고 자깅 **go jogging** 조깅하러 가다 📢 I am going 〔　　　〕. 　 저는 조깅하러 가는 중이에요.	고 캠핑 **go camping** 캠핑하러 가다 📢 I am going 〔　　　〕. 　 저는 캠핑하러 가는 중이에요.
고 샤핑 **go shopping** 쇼핑하러 가다 📢 I am going 〔　　　〕. 　 저는 쇼핑하러 가는 중이에요.	고 스위밍 **go swimming** 수영하러 가다 📢 I am going 〔　　　〕. 　 저는 수영하러 가는 중이에요.

MP3 11-06

바로 듣기 QR

❶ I am going jogging.

❷ I am going camping.

❸ I am going shopping.

❹ I am going swimming.

1초만에 해석하기

❶ I am going jogging. ➡

❷ I am going camping. ➡

❸ I am going shopping. ➡

❹ I am going swimming. ➡

바르게 따라 쓰기

I am going jogging.

I am going camping.

I am going shopping.

I am going swimming.

Dialogue 2 무엇을 하러 가는 중인지 말할 수 있어요. 🔊 MP3 11-07

Sunhee
헤이, 웨얼 알 유 고잉?
❶Hey, where are you going?

Jiho
아임 고잉 하이킹.
I'm going hiking.

Sunhee
나이스! 하우 두 유 필 웬 유 고 하이킹?
Nice! How do you feel ❷when you go hiking?

Jiho
잇 메익스 미 필 스트롱 앤 헬시.
It makes me feel strong and healthy.

Tip

❶ hey
hey는 친한 지인을 가볍게 부르는 말로, 우리말의 '야!', '저기요!' 등에 해당합니다.

❷ when
when은 시간을 나타내는 접속사로, '~할 때'라는 조건을 붙여 줍니다.
예 What do you do when you are tired?
피곤할 때 당신은 무엇을 하시나요?

역할 교체 연습   Sunhee ☐   Jiho ☐

선희   저기요, 어디 가는 길이에요?

지호   저는 등산을 가는 중이에요.

선희   멋져요! 등산 갈 때 기분은 어때요?

지호   등산은 저에게 강하고 건강해지는 기분이 들게 해요.

헤이 hey 야, 저기요	필 feel 느끼다	미 me 나에게, 나를
웨얼 where 어디	웬 when ~할 때	스트롱 strong 강한
고 하이킹 go hiking 등산 가다	잇 it 그것	헬시 healthy 건강한
나이스 nice 좋은, 멋진	메이크 make 만들다	

문법 PLUS

'주어+make me+형용사'는 '(주어)가 나를 ~한 상태로 만든다'라는 뜻을 나타냅니다.
즉, '어떤 대상이 내 기분이나 상태를 변화시킨다는 것'을 말할 때 쓰는 표현입니다.

유 메익 미 해피.
예 You make me happy. 당신은 저를 행복하게 해요.

이때 make는 주어에 따라서 makes와 같이 말하기도 합니다.

· **Make – 1, 2인칭 주어(I, we, you), 3인칭 복수 주어(they)**

유 메익 미 스마일.
예 You make me smile. 당신은 저를 웃게 해요.

· **Makes – 3인칭 단수 주어(he, she, it 등)**

히 메익스 미 스마일.
예 He makes me smile. 그는 저를 웃게 해요.

01 우리말 뜻과 알맞은 영어 단어를 이어 보세요.

❶ 시작하다 ●   ● more   ❺ 야, 저기요 ●   ● hey

❷ 더 (많이) ●   ● weight   ❻ 느끼다 ●   ● strong

❸ 긴장을 풀다 ●   ● relax   ❼ 그것 ●   ● feel

❹ 무게 ●   ● start   ❽ 강한 ●   ● it

02 녹음을 듣고 대화문의 괄호에 들어갈 단어를 써 보세요.

Dialogue 1	🔊 MP3 11-09

A   I'm (❶   ) to lose weight.

B   (❷   )? How are you doing it?

A   I'm (❸   ) less and exercising more.

B   That (❹   ) good! I should start, too.

Dialogue 2	🔊 MP3 11-10

A   Hey, (❺   ) are you going?

B   I'm (❻   ) hiking.

A   Nice! How do you feel (❼   ) you go hiking?

B   It makes me feel strong and (❽   ).

03 빈칸에 알맞은 단어를 넣어 문장을 완성해 보세요

❶ I am trying to _____ weight. 저는 살을 빼려고 노력 중이에요.

❷ I _____ start, too. 저도 시작하는 게 좋겠어요.

❸ I am going _____. 저는 등산을 가는 중이에요.

❹ It _____ me feel healthy. 그것은 저에게 건강해지는 기분이 들게 해요.

04 단어를 선택하여 문장을 완성하고 바르게 써 보세요.

I am trying to **+** relax / sleep / be kind / enjoy life .

❶ 저는 자려고 하고 있어요.
_____

_____

❷ 저는 인생을 즐기려고 노력 중이에요.
_____

_____

I am going **+** jogging / camping / shopping / swimming .

❸ 저는 캠핑하러 가는 중이에요.
_____

_____

❹ 저는 수영하러 가는 중이에요.
_____

_____

생활 속 영어 상식

'헬스클럽'을 갔더니 내가 VIP?

여러분은 건강을 위해서 평소에 어떤 운동을 하시나요? 등산을 가거나 골프를 칠 수도 있지만 아마 가장 흔하게 접할 수 있는 운동 공간은 헬스클럽일 것입니다. 그런데 이 헬스클럽이 영어권에서는 우리가 생각하는 것과 다른 장소를 나타낸다는 것을 알고 계셨나요? 이와 관련된 재미있는 에피소드를 하나 소개해 드리겠습니다.

미국으로 막 유학을 온 한국 유학생이 있었습니다. 그 유학생은 미국에 온지 얼마 지나지 않아 기름진 음식들 때문에 몸이 둔해진 걸 느끼고 다이어트를 결심하였죠. 마침 숙소 주변에서 헬스클럽을 발견하고는 바로 가서 등록을 요청하였습니다.
"Hi! I want to sign up for this health club!" 안녕하세요! 이 헬스클럽에 등록하고 싶어요!

직원이 살짝 고개를 갸웃하더니 웃으며 대답했어요.
"Oh, you mean the gym?" 아, 짐(체육관)을 말하시는 거죠?

순간 유학생은 속으로 생각했습니다.
"헬스(health)도 영어고, 클럽(club)도 영어인데 왜 안 통하지?"

며칠이 흐른 후 유학생은 반 친구에게 자신이 헬스클럽에서 운동하는 것을 자랑했습니다.
"I go to the health club every day!" 나는 매일 헬스클럽에 가고 있어!

그러자 친구는 의아한 표정으로 되물었습니다.
"Are you a VIP member or something?" 너 VIP 회원 뭐 그런거야?

영어권에서도 헬스클럽이라는 단어를 쓰기는 하지만 주로 호텔이나 리조트에 있는 고급 피트니스 센터를 가리킵니다. 만약 여러분이 매일 헬스클럽을 다닌다고 말한다면 상대는 여러분을 VIP로 생각할 수도 있습니다. 운동을 하러 헬스클럽에 간다고 할 때에는 'Go to the health club'이 아니라 'Go to the gym'으로 말해야 한다는 점을 기억해 두세요!

12

추억

오래된 사진 속 자신을 보면 잊을 수 없는 특별한 순간이 떠오릅니다.
기억 속 아름다운 추억들을 영어로 다시 한번 꺼내 보세요.

주요 패턴

Pattern A

Have you ever ⬚ ?

당신은 ~해 본 적 있으세요?

Pattern B

When I was ⬚

내가 ~였을 때

당신은 ~해 본 적 있으세요?

해브   유   에벌

Have you ever ⬚ ?

말하기 패턴 이해하기

'Have you ever ~?' 구문은 '너는 ~해 본 적 있니?'라는 의미로, 상대에게 지금까지 살아오면서 어떤 일을 한 적이 있는지 물어볼 때 사용하는 표현입니다.

해브   유   에벌   빈   투   패리스

Have you ever been to Paris?

➡ 파리에 가 본 적 있으세요?

이 구문은 '경험'을 나타내므로, 일반 동사 대신 '~한 적이 있다'는 의미를 담는 '과거분사형'을 사용해야 합니다.

🅝 Be 동사 과거분사형 been(~에 가 본 적이 있다)

표현 늘리기

🔊 MP3 12-01

단어를 익힌 후 패턴 공식에 넣어 다양한 문장들을 말해 보세요.

라이드 **lied** 거짓말한 적이 있다	하이크트 **hiked** 등산한 적이 있다
📢 Have you ever ▨ ? 당신은 거짓말해 본 적 있으세요?	📢 Have you ever ▨ ? 당신은 등산해 본 적 있으세요?
쿡트 **cooked** 요리한 적이 있다	댄스드 **danced** 춤춰 본 적이 있다
📢 Have you ever ▨ ? 당신은 요리해 본 적 있으세요?	📢 Have you ever ▨ ? 당신은 춤춰 본 적 있으세요?

바로 듣기 QR

❶ Have you ever lied?

❷ Have you ever hiked?

❸ Have you ever cooked?

❹ Have you ever danced?

1초만에 해석하기

❶ Have you ever lied? ➡

❷ Have you ever hiked? ➡

❸ Have you ever cooked? ➡

❹ Have you ever danced? ➡

바르게 따라 쓰기

Have you ever lied?

Have you ever hiked?

Have you ever cooked?

Have you ever danced?

Dialogue 1 해외로 여행 갔던 경험을 말할 수 있어요. 🔊 MP3 12-03

Jiho
해브 유 에벌 빈 투 패리스?
Have you ever ❶been to Paris?

Sunhee
예스, 아이 해브. 아이 웬트 데얼 래스트 이얼.
❷Yes, I have. I ❸went there last year.

Jiho
와우! 딛 유 씨 디 아이펄 타월?
Wow! Did you see the Eiffel Tower?

Sunhee
예스. 잇 워즈 쏘 뷰리풀.
Yes. It was so beautiful.

Tip

❶ **been to**
been은 Be 동사의 과거분사형입니다. 뒤에 to(～에)와 함께 쓰여
'～에 가 본 적이 있다'라는 의미를 나타냅니다.

❷ **Yes, I have.**
경험을 묻는 'Have you ever ～?'의 기본적인 긍정 대답입니다.
부정은 'No, I haven't(have not).'로 대답합니다.

❸ **went there**
went는 동사 go의 과거형입니다. 일반적으로 '～에 가다'는 'go+to+장소'로
나타내는데, there은 장소를 나타내지만 이미 '그곳에'라는 의미를 가지고 있기
때문에 to(～에)를 사용하지 않습니다.

역할 교체 연습 Jiho ☐ Sunhee ☐

지호   당신은 파리에 가 본 적 있으세요?

선희   네, 있어요. 작년에 그곳에 갔어요.

지호   와! 에펠탑 보셨어요?

선희   네. 너무 아름다웠어요.

단어 PLUS

에벌 **ever** 지금까지	데얼 **there** 그곳에	아이펄 타월 **Eiffel Tower** 에펠탑
빈 **been** ~에 가 본 적이 있다	래스트 **last** 지난, 바로 앞의	워즈 **was** ~였다(is의 과거형)
패리스 **Paris** 파리(프랑스 수도)	이얼 **year** 해, 1년	쏘 **so** 정말, 대단히
웬트 **went** 갔다	와우 **wow** 와우(놀람)	뷰리풀 **beautiful** 아름다운

문법 PLUS

영어의 동사는 시제에 따라 형태가 바뀌는데 크게 동사 원형, 과거형, 과거분사형의 세 가지 형태가 있습니다.

- **동사 원형(~하다)**
  동사의 기본 형태입니다. 일반적인 현재의 동작이나 상태를 표현할 때 사용됩니다.
  예 eat(먹다)

- **과거형(~했다)**
  과거에 일어난 일을 말할 때 사용하는 형태입니다. 규칙 동사는 대부분 동사 끝에 '-ed'를 붙여 만듭니다. (예: play → played) 하지만 일부 불규칙 동사는 형태가 달라지므로 외워야 합니다.
  예 eat → ate(먹었다)

- **과거분사형(~한 적이 있다)**
  'have/has +과거분사' 형태로 쓰여 과거의 경험을 나타냅니다. 규칙 동사는 과거형과 동일하게 '-ed'를 붙이지만, 불규칙 동사는 과거형과는 또 다른 형태를 가집니다.
  예 eat → eaten(먹은 적이 있다)

내가 ~였을 때

웬   아이   워즈
When I was [   ]

말하기 패턴 이해하기

'When I was ~' 구문은 '내가 ~였을 때'라는 의미로, 과거의 특정 시점을 이야기할 때 사용합니다. 간단하지만 과거의 이야기를 할 때 매우 흔하게 사용하는 표현입니다.

웬   아이   워즈   인   칼리지
When I was in college

➡ 내가 대학생이었을 때

주의해야 할 점은 과거의 이야기를 하는 만큼 Be 동사의 과거형을 사용해야 합니다.

예 When I am in college (x)

표현 늘리기

🔊 MP3 12-05

단어를 익힌 후 패턴 공식에 넣어 다양한 문장들을 말해 보세요.

씨크
sick 아픈

📢 When I was [   ]
내가 아팠을 때

영
young 젊은, 어린

📢 When I was [   ]
내가 젊었을 때

매리드
married 결혼한

📢 When I was [   ]
내가 결혼했을 때

리타이얼드
retired 은퇴한

📢 When I was [   ]
내가 은퇴했을 때

바로 듣기 QR

❶ When I was sick

❷ When I was young

❸ When I was married

❹ When I was retired

1초만에 해석하기

❶ When I was sick ➡

❷ When I was young ➡

❸ When I was married ➡

❹ When I was retired ➡

바르게 따라 쓰기

When I was sick

When I was young

When I was married

When I was retired

Dialogue 2 사진을 보면서 감상을 말할 수 있어요.

🔊 MP3 12-07

Jiho
룩 엣 디스 올드 폴오.
①Look at this old photo.

Sunhee
웬 딛 유 테익 잇?
When did you take it?

Jiho
아이 툭 잇 웬 아이 워즈 인 칼리지.
I ②took it when I was in college.

Sunhee
유 월 써치 어 차밍 영 맨!
You were ③such a charming young man!

Tip

① look at ~

'look at ~' 표현은 '~을 보세요'라는 뜻으로 뒤에는 상대에게 보여주고자
하는 대상이 옵니다.

② took

took은 동사 take(사진을 찍다)의 과거형입니다.

③ such a ~

'such a/an ~' 표현은 '정말 ~한'의 뜻으로 대상을 강조할 때 많이 쓰입니다.
주의할 점은 셀 수 없는 대상을 강조할 때는 a/an을 빼고 표현합니다.
예 Such good weather! 정말 좋은 날씨야!

역할 교체 연습 Jiho ☐ Sunhee ☐

지호 이 낡은 사진 좀 보세요.

선희 그건 언제 찍으신 거예요?

지호 제가 대학생이었을 때 찍었어요.

선희 당신은 정말 멋진 청년이셨네요!

룩 look 보다	테이크 take 찍다, 촬영하다	월 were ~였다(are의 과거형)
엣 at ~으로(방향)	투크 took 찍었다(take의 과거형)	써치 such 정말, 그렇게나
올드 old 낡은, 늙은	인 in ~안에	차밍 charming 매력적인
폴오 photo 사진	칼리지 college 대학교	맨 man (성인) 남자

문법 PLUS

영어에서 과거에 이미 일어난 일을 말할 때 평서문과 의문문의 동사 형태가 다릅니다. 그 이유는 바로 의문을 나타내는 Did의 사용 때문입니다. 조금 어려울 수 있지만 잘 기억하셔서 과거형과 동사 원형을 상황에 맞게 구별해서 사용하세요.

• 과거시제 평서문

동사의 과거형을 사용해서 말합니다. (take → took)

아이 툭 어 픽쳘.

예 I took a picture. 저는 사진을 찍었어요.

• 과거시제 의문문

문장 앞에 위치해 의문을 나타내는 Do를 과거형 Did로 바꿔 말합니다. Did가 이미 '과거형' 의미를 담고 있기 때문에 동사는 과거형이 아닌 원형 그대로 사용해야 합니다.

딛 유 테익 어 픽쳘?

예 Did you take a picture? 당신은 사진을 찍으셨어요?

확인 연습

01 우리말 뜻과 알맞은 영어 단어를 이어 보세요.

❶ ~였다 • • Paris   ❺ 사진 • • photo

❷ 그곳에 • • last   ❻ 낡은, 늙은 • • charming

❸ 지난 • • there   ❼ 매력적인 • • look

❹ 파리 • • was   ❽ 보다 • • old

02 녹음을 듣고 대화문의 괄호에 들어갈 단어를 써 보세요.

Dialogue **1**	🔊 **MP3** 12-09

A Have you ever (❶   ) to Paris?

B Yes, I (❷   ). I went there last year.

A Wow! (❸   ) you see the Eiffel Tower?

B Yes. It was so (❹   ).

Dialogue **2**	🔊 **MP3** 12-10

A Look (❺   ) this old photo.

B (❻   ) did you take it?

A I took it when I (❼   ) in college.

B You (❽   ) such a charming young man!

03 빈칸에 알맞은 단어를 넣어 문장을 완성해 보세요

❶ Have you _____ been to Paris? 파리에 가 본 적 있으세요?

❷ I _____ there last year. 저는 작년에 그곳에 갔어요.

❸ When did you _____ it? 그건 언제 찍으신 거예요?

❹ I _____ it when I was in college. 제가 대학생이었을 때 찍었어요.

04 단어를 선택하여 문장을 완성하고 바르게 써 보세요.

Have you ever ✚ lied / hiked / cooked / danced ?

❶ 당신은 요리해 본 적 있으세요?
_____
- -
_____

❷ 당신은 거짓말해 본 적 있으세요?
_____
- -
_____

When I was ✚ sick / young / married / retired .

❸ 내가 결혼했을 때
_____
- -
_____

❹ 내가 은퇴했을 때
_____
- -
_____

생활 속 영어 상식

사진 찍을 때 '김치~'를 영어로 하면?

한국에서 사진을 찍을 때 빠질 수 없는 말은 바로 "김치~"입니다. 이 말은 사진 속 사람들의 표정을 자연스럽고 예쁘게 만들어주는 일종의 '마법의 주문'과도 같습니다. 그러면 영어권에서는 사진을 찍을 때 어떤 말을 사용할까요?

가장 일반적인 표현은 바로 "Say cheese!(치즈라고 말하세요!)"입니다. 치즈는 우리말 김치와 비슷하게 발음할 때 입꼬리가 올라가면서 저절로 미소가 지어지는 단어입니다. 하지만 영어권에서도 꼭 치즈만 사용하는 것은 아니에요. 다른 표현들은 어떤 것이 있는지 함께 알아봅시다.

"Say whiskey!" 위스키라고 말하세요!

"Say money!" 돈이라고 말하세요!

"Say happy!" 행복이라고 말하세요!

"Say sunshine!" 햇살이라고 말하세요!

입을 더 벌려 크게 웃는 모습을 연출하고 싶을 때는 다음과 같이 말하기도 합니다.
"Say pizza!" 피자라고 말하세요!

영어권의 외국인 친구와 사진을 찍을 때, "Say cheese!" 대신 "Say pizza!" 같은 표현을 써 보면 더 재미있겠죠?
사진 한 장 속에도 문화가 담깁니다. 다른 나라 사람들과 함께 사진을 찍을 때 그 나라의 표현을 사용해 보는 것은 작지만 특별한 소통의 시작이 될 수 있을 것입니다.

이제 "김치~"만 말하기는 아쉽겠죠?
다음에 사진을 찍을 기회가 있다면 어떤 표현으로 사람들을
미소 짓게 할지 미리 골라 두시는 것도 좋을 것 같습니다.

정답 확인

01

① 좋은, 멋진 — nice
② 무엇 — what
③ 지금(은) — now
④ 한국 — Korea
⑤ 만나다 — meet
⑥ 어디 — where
⑦ 이름 — name
⑧ 은퇴한 — retired

02 **Dialogue 1** ① Hello ② meet ③ What ④ name

    Dialogue 2 ⑤ Where ⑥ Korea ⑦ do ⑧ teacher

03 ① name ② Nice ③ What ④ retired

04 ① What is your address? ② What is your hobby?

    ③ I am happy. ④ I am from Seoul.

01
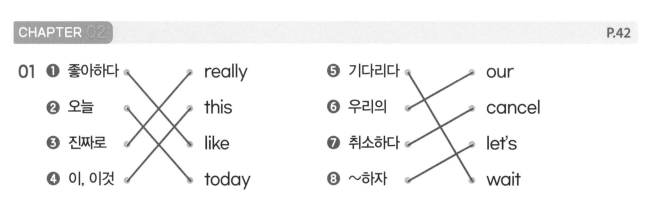

① 좋아하다 — like
② 오늘 — today
③ 진짜로 — really
④ 이, 이것 — this
⑤ 기다리다 — wait
⑥ 우리의 — our
⑦ 취소하다 — cancel
⑧ ～하자 — let's

02 **Dialogue 1** ① How ② cloudy ③ weather ④ too

    Dialogue 2 ⑤ tomorrow ⑥ will ⑦ Should ⑧ Maybe

03 ① weather ② like ③ rain ④ be sunny

04 ① How is the weather? ② How is your health?

    ③ It will rain. ④ It will get cold.

CHAPTER 03

P.54

01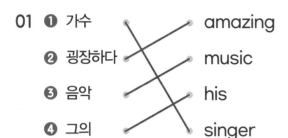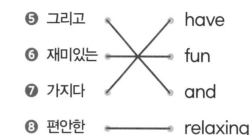

① 가수 — singer
② 굉장하다 — amazing
③ 음악 — music
④ 그의 — his
⑤ 그리고 — and
⑥ 재미있는 — fun
⑦ 가지다 — have
⑧ 편안한 — relaxing

02 Dialogue **1** ① Do ② listening ③ favorite ④ because

Dialogue **2** ⑤ hobby ⑥ watching ⑦ Why ⑧ and

03 ① Who ② songs ③ have ④ fun

04 ① I love talking. ② I love walking.

③ Do you have a pen? ④ Do you have a question?

 P.66

01

① 전화기 — phone
② 나중에 — later
③ 밖 — out
④ ~하고 싶다 — want to
⑤ 그럼요 — sure
⑥ 문자 — text
⑦ 나에게 — me
⑧ 저녁 식사 — dinner

02 Dialogue **1** ① Hello ② please ③ right ④ call

Dialogue **2** ⑤ invite ⑥ Great ⑦ text ⑧ seeing

03 ① This ② speak ③ Can ④ forward

04 ① May I help you? ② May I use your pen?

③ I look forward to learning English. ④ I look forward to eating that food.

01

- ❶ 첫 번째 — 1st(first)
- ❷ 무엇 — what
- ❸ 날짜 — date
- ❹ 안녕(하세요) — hi
- ❺ 2, 둘 — two
- ❻ 커피숍 — cafe
- ❼ 언제 — when
- ❽ ~에 — at

02 Dialogue 1 ❶ day ❷ Wednesday ❸ What ❹ March

    Dialogue 2 ❺ meeting ❻ PM ❼ Where ❽ at

03 ❶ today ❷ 1st(first) ❸ tomorrow ❹ It

04 ❶ It is Sunday. ❷ It is May 2nd.

    ❸ It is at 3:20 PM. ❹ It is at the cafe.

01
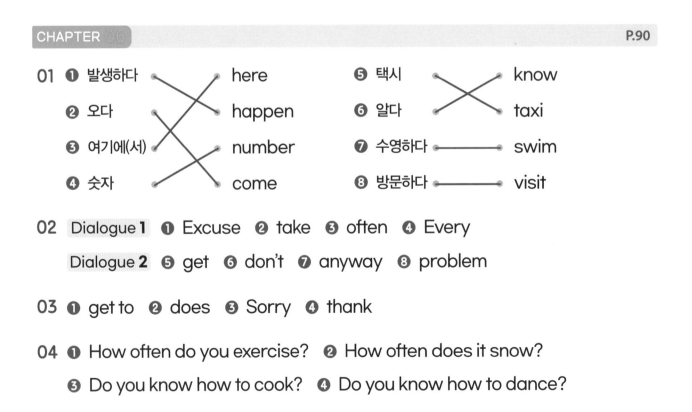

- ❶ 발생하다 — happen
- ❷ 오다 — come
- ❸ 여기에(서) — here
- ❹ 숫자 — number
- ❺ 택시 — taxi
- ❻ 알다 — know
- ❼ 수영하다 — swim
- ❽ 방문하다 — visit

02 Dialogue 1 ❶ Excuse ❷ take ❸ often ❹ Every

    Dialogue 2 ❺ get ❻ don't ❼ anyway ❽ problem

03 ❶ get to ❷ does ❸ Sorry ❹ thank

04 ❶ How often do you exercise? ❷ How often does it snow?

    ❸ Do you know how to cook? ❹ Do you know how to dance?

01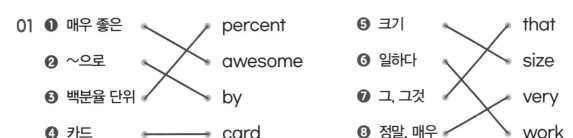

❶ 매우 좋은 — awesome
❷ ~으로 — by
❸ 백분율 단위 — percent
❹ 카드 ——— card
❺ 크기 — size
❻ 일하다 — work
❼ 그, 그것 — that
❽ 정말, 매우 — very

02 Dialogue **1** ❶ on sale ❷ off ❸ pay ❹ course

Dialogue **2** ❺ help ❻ need ❼ Let ❽ very

03 ❶ Excuse ❷ by ❸ smaller ❹ get

04 ❶ Can I sit? ❷ Can I stay?

❸ I need a break. ❹ I need to work.

01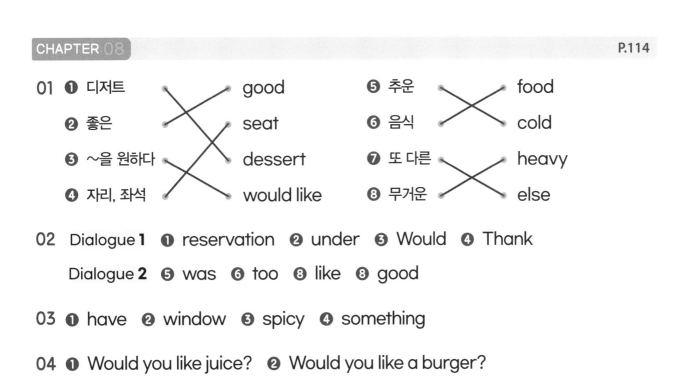

❶ 디저트 — dessert
❷ 좋은 — good
❸ ~을 원하다 — would like
❹ 자리, 좌석 — seat
❺ 추운 — cold
❻ 음식 — food
❼ 또 다른 — else
❽ 무거운 — heavy

02 Dialogue **1** ❶ reservation ❷ under ❸ Would ❹ Thank

Dialogue **2** ❺ was ❻ too ❽ like ❽ good

03 ❶ have ❷ window ❸ spicy ❹ something

04 ❶ Would you like juice? ❷ Would you like a burger?

❸ It was too dark to see. ❹ It was too late to call.

01

❶ 얼음 — ice
❷ ~와 함께 — with
❸ 또는 — or
❹ 차(음료) — tea
❺ 라떼(음료) — latte
❻ 좋은, 훌륭한 — great
❼ 영수증 — recipt
❽ 휴가, 방학 — vacation

02 Dialogue 1 ❶ coffee ❷ less ❸ For here ❹ please

Dialogue 2 ❺ order ❻ I'd ❼ choice ❽ Large

03 ❶ Iced ❷ to go ❸ hot ❹ size

04 ❶ Would you like beer or soju? ❷ Would you like spicy or mild?

❸ I would like a receipt. ❹ I would like a refund.

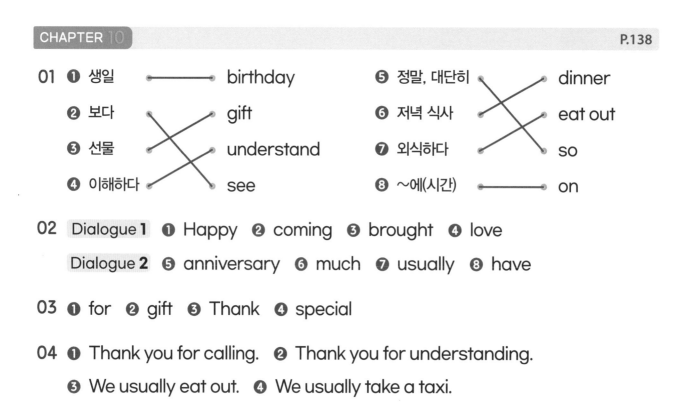

01

❶ 생일 — birthday
❷ 보다 — see
❸ 선물 — gift
❹ 이해하다 — understand
❺ 정말, 대단히 — so
❻ 저녁 식사 — dinner
❼ 외식하다 — eat out
❽ ~에(시간) — on

02 Dialogue 1 ❶ Happy ❷ coming ❸ brought ❹ love

Dialogue 2 ❺ anniversary ❻ much ❼ usually ❽ have

03 ❶ for ❷ gift ❸ Thank ❹ special

04 ❶ Thank you for calling. ❷ Thank you for understanding.

❸ We usually eat out. ❹ We usually take a taxi.

CHAPTER 11
P.150

01 ❶ 시작하다 — start
❷ 더 (많이) — more
❸ 긴장을 풀다 — relax
❹ 무게 — weight

❺ 야, 저기요 — hey
❻ 느끼다 — feel
❼ 그것 — it
❽ 강한 — strong

02 Dialogue 1 ❶ trying ❷ Really ❸ eating ❹ sounds
Dialogue 2 ❺ where ❻ going ❼ when ❽ healthy

03 ❶ lose ❷ should ❸ hiking ❹ makes

04 ❶ I am trying to sleep. ❷ I am trying to enjoy life.
❸ I am going camping. ❹ I am going swimming.

CHAPTER 12
P.162

01 ❶ ~였다 — was
❷ 그곳에 — there
❸ 지난 — last
❹ 파리 — Paris

❺ 사진 — photo
❻ 낡은, 늙은 — old
❼ 매력적인 — charming
❽ 보다 — look

02 Dialogue 1 ❶ been ❷ have ❸ Did ❹ beautiful
Dialogue 2 ❺ at ❻ When ❼ was ❽ were

03 ❶ ever ❷ went ❸ take ❹ took

04 ❶ Have you ever cooked? ❷ Have you ever lied?
❸ When I was married ❹ When I was retired

완벽 복습 패턴 카드

각 챕터에서 학습한 패턴과 표현들을 모두 담았습니다.
아래와 같이 복습하며 회화 실력을 키워 보세요!

STEP 1

학습한 챕터의 패턴 공식을 확인합니다.

STEP 2

우리말 뜻을 보고 1초만에 영어로 말해 봅니다.
영어 문장이 생각나지 않을 때는 뒤 페이지의 정답을 확인합니다.

STEP 3

MP3를 통해 원어민의 정확한 발음을 듣고 다시 한번 따라 말해 봅니다.

바로 듣기 QR

패턴 01 What is your [ ]?

당신의 취미는 무엇인가요?

당신의 이름은 무엇인가요?

당신의 주소는 무엇인가요?

당신의 전화번호는 무엇인가요?

패턴 02 I am [ ].

저는 피곤해요.

저는 행복해요.

저는 선생님이에요.

저는 서울에서 왔어요.

패턴 03 How is [ ]?

날씨가 어떤가요?

그 음식은 어떤가요?

당신의 가족은 어떤가요?

당신의 건강은 어떤가요?

패턴 04 It will [ ].

비가 내릴 거예요.

맑아질 거예요.

추워질 거예요.

시작될 거예요.

왓 이즈 유얼 하비?
What is your hobby?

왓 이즈 유얼 네임?
What is your name?

왓 이즈 유얼 어드레스?
What is your address?

왓 이즈 유얼 폰넘벌?
What is your phone number?

패턴 02 🔊 P-02

아이 엠 타이얼드.
I am tired.

아이 엠 해피.
I am happy.

아이 엠 어 티쳘.
I am a teacher.

아이 엠 프럼 서울.
I am from Seoul.

패턴 03 🔊 P-03

하우 이즈 더 웨덜?
How is the weather?

하우 이즈 더 풀?
How is the food?

하우 이즈 유얼 패밀리?
How is your family?

하우 이즈 유얼 헬쓰?
How is your health?

패턴 04 🔊 P-04

잇 윌 레인.
It will rain.

잇 윌 비 써니.
It will be sunny.

잇 윌 겟 콜드.
It will get cold.

잇 윌 스탙트.
It will start.

패턴 05 I love ⬚ing ~.

저는 요리하는 것을 좋아해요.

저는 이야기하는 것을 좋아해요.

저는 걷는 것을 좋아해요.

저는 듣는 것을 좋아해요.

패턴 06 Do you have ⬚?

당신은 열쇠를 가지고 계신가요?

당신은 펜을 가지고 계신가요?

당신은 질문이 있으신가요?

당신은 잠시 시간이 있으신가요?

패턴 07 May I ⬚?

제가 들어가도 될까요?

제가 당신을 도와 드려도 될까요?

제가 당신의 펜을 써도 될까요?

제가 지호와 통화할 수 있을까요?

패턴 08 I look forward to ⬚ing ~.

저는 당신을 보는 것이 기대돼요.

저는 당신과 만나는 것이 기대돼요.

저는 영어를 배우는 것이 기대돼요.

저는 그 음식을 먹는 것이 기대돼요.

아이 러브 쿠킹.
I love cooking.

아이 러브 터킹.
I love talking.

아이 러브 워킹.
I love walking.

아이 러브 리스닝.
I love listening.

두 유 해브 어 키?
Do you have a key?

두 유 해브 어 펜?
Do you have a pen?

두 유 해브 어 퀘스쳔?
Do you have a question?

두 유 해브 어 모먼트?
Do you have a moment?

메이 아이 컴인?
May I come in?

메이 아이 헬프 유?
May I help you?

메이 아이 유즈 유얼 펜?
May I use your pen?

메이 아이 스픽 투 지호?
May I speak to Jiho?

아이 룩 포월드 투 씨잉 유.
I look forward to seeing you.

아이 룩 포월드 투 밑잉 유.
I look forward to meeting you.

아이 룩 포월드 투 런잉 잉글리쉬.
I look forward to learning English.

아이 룩 포월드 투 잍잉 댓 푿.
I look forward to eating that food.

패턴 09 It is ⬚ .

금요일이에요.

일요일이에요.

5월 2일이에요.

7월 3일이에요.

패턴 10 It is at ⬚ .

(모임 시간은) 오전 8시 10분이에요.

(모임 시간은) 오후 3시 20분이에요.

(모임 장소는) 그 커피숍이에요.

(모임 장소는) 그 공항이에요.

패턴 11 How often do/does ⬚ ?

얼마나 자주 운동을 하세요?

얼마나 자주 커피를 드세요?

얼마나 자주 눈이 내리나요?

얼마나 자주 발생하나요?

패턴 12 Do you know how to ⬚ ?

어떻게 요리하는지 아세요?

어떻게 운전하는지 아세요?

어떻게 수영하는지 아세요?

어떻게 춤추는지 아세요?

잇 이즈 프라이데이.
It is Friday.

잇 이즈 썬데이.
It is Sunday.

잇 이즈 메이 세컨드.
It is May 2nd.

잇 이즈 쥴라이 떨드.
It is July 3rd.

잇 이즈 엣 에잇 텐 에이엠.
It is at 8:10 AM.

잇 이즈 엣 뜨리 투웬티 피엠.
It is at 3:20 PM.

잇 이즈 엣 더 캐페이.
It is at the cafe.

잇 이즈 엣 디 에얼폴트.
It is at the airport.

하우 오픈 두 유 엑설싸이즈?
How often do you exercise?

하우 오픈 두 유 드링크 커피?
How often do you drink coffee?

하우 오픈 더즈 잇 스노우?
How often does it snow?

하우 오픈 더즈 잇 해픈?
How often does it happen?

두 유 노우 하우 투 쿡?
Do you know how to cook?

두 유 노우 하우 투 드라이브?
Do you know how to drive?

두 유 노우 하우 투 스윔?
Do you know how to swim?

두 유 노우 하우 투 댄스?
Do you know how to dance?

패턴 13 Can I [＿＿＿＿＿] ?

제가 가도 될까요?

제가 앉아도 될까요?

제가 시도해 봐도 될까요?

제가 머물러도 될까요?

패턴 14 I need (to) [＿＿＿＿＿] .

저는 돈이 필요해요.

저는 휴식이 필요해요.

저는 잠을 자야 해요.

저는 일을 해야 해요.

패턴 15 Would you like [＿＿＿＿＿] ?

주스 드시겠어요?

커피 드시겠어요?

디저트 드시겠어요?

햄버거 드시겠어요?

패턴 16 It was too [＿＿＿＿＿] to [＿＿＿＿＿] .

너무 늦어서 전화할 수 없었어요.

너무 어두워서 볼 수 없었어요.

너무 추워서 나갈 수 없었어요.

너무 무거워서 들 수 없었어요.

🔊 P-13

캔 아이 고?
Can I go?

캔 아이 씨트?
Can I sit?

캔 아이 트라이?
Can I try?

캔 아이 스테이?
Can I stay?

패턴 14 🔊 P-14

아이 니드 머니.
I need money.

아이 니드 어 브레이크.
I need a break.

아이 니드 투 슬립.
I need to sleep.

아이 니드 투 월크.
I need to work.

패턴 15 🔊 P-15

윧 유 라익 쥬스?
Would you like juice?

윧 유 라익 커피?
Would you like coffee?

윧 유 라익 디절트?
Would you like dessert?

윧 유 라익 어 버걸?
Would you like a burger?

패턴 16 🔊 P-16

잇 워즈 투우 레이트 투 콜.
It was too late to call.

잇 워즈 투우 달크 투 씨.
It was too dark to see.

잇 워즈 투우 콜드 투 고 아웃.
It was too cold to go out.

잇 워즈 투우 헤비 투 캐리.
It was too heavy to carry.

패턴 17 Would you like [　　　　] or [　　　　]?

맥주로 하시겠요, 소주로 하시겠어요?

맵게 하시겠요, 순하게 하시겠어요?

쌀밥으로 하시겠요, 면으로 하시겠어요?

닭고기로 하시겠요, 소고기로 하시겠어요?

패턴 18 I would like [　　　　].

저는 환불을 원해요.

저는 영수증을 원해요.

저는 휴가를 원해요.

저는 샌드위치를 원해요.

패턴 19 Thank you for [　　　　]ing.

도와주셔서 감사해요.

전화해 주셔서 감사해요.

기다려 주셔서 감사해요.

이해해 주셔서 감사해요.

패턴 20 We usually [　　　　].

우리는 보통 외식을 해요.

우리는 보통 늦게 자요.

우리는 보통 택시를 타요.

우리는 보통 야근을 해요.

패턴 17　🔊 P-17

윤 유 라익 비얼 오얼 소주?
Would you like beer or soju?

윤 유 라익 스파이시 오얼 마일드?
Would you like spicy or mild?

윤 유 라익 라이스 오얼 누들스?
Would you like rice or noodles?

윤 유 라익 치킨 오얼 비프?
Would you like chicken or beef?

패턴 18　🔊 P-18

아이 우드 라익 어 리펀드.
I would like a refund.

아이 우드 라익 어 리시트.
I would like a receipt.

아이 우드 라익 어 베이케이션.
I would like a vacation.

아이 우드 라익 어 샌드위치.
I would like a sandwich.

패턴 19　🔊 P-19

땡큐 폴 헬핑.
Thank you for helping.

땡큐 폴 콜링.
Thank you for calling.

땡큐 폴 웨잍잉.
Thank you for waiting.

땡큐 폴 언덜스탠딩.
Thank you for understanding.

패턴 20　🔊 P-20

위 유주얼리 잍 아웃.
We usually eat out.

위 유주얼리 슬립 레이트.
We usually sleep late.

위 유주얼리 테익 어 택시.
We usually take a taxi.

위 유주얼리 월크 오벌타임.
We usually work overtime.

패턴 21 I am trying to ⬚ .

저는 쉬려고 하고 있어요.

저는 자려고 하고 있어요.

저는 친절하게 대하려고 노력 중이에요.

저는 인생을 즐기려고 노력 중이에요.

패턴 22 I am going ⬚ ing.

저는 조깅하러 가는 중이에요.

저는 캠핑하러 가는 중이에요.

저는 쇼핑하러 가는 중이에요.

저는 수영하러 가는 중이에요.

패턴 23 Have you ever ⬚ ?

당신은 거짓말해 본 적 있으세요?

당신은 등산해 본 적 있으세요?

당신은 요리해 본 적 있으세요?

당신은 춤춰 본 적 있으세요?

패턴 24 When I was ⬚

내가 아팠을 때

내가 젊었을 때

내가 결혼했을 때

내가 은퇴했을 때

아이 엠 트라잉 투 릴렉스.
I am trying to relax.

아이 엠 트라잉 투 슬립.
I am trying to sleep.

아이 엠 트라잉 투 비 카인드.
I am trying to be kind.

아이 엠 트라잉 투 엔조이 라이프.
I am trying to enjoy life.

아이 엠 고잉 자깅.
I am going jogging.

아이 엠 고잉 캠핑.
I am going camping.

아이 엠 고잉 샤핑.
I am going shopping.

아이 엠 고잉 스위밍.
I am going swimming.

해브 유 에벌 라이드?
Have you ever lied?

해브 유 에벌 하이크트?
Have you ever hiked?

해브 유 에벌 쿡트?
Have you ever cooked?

해브 유 에벌 댄스드?
Have you ever danced?

웬 아이 워즈 씨크
When I was sick

웬 아이 워즈 영
When I was young

웬 아이 워즈 매리드
When I was married

웬 아이 워즈 리타이얼드
When I was retired